AF391711

MÉMOIRE D'UN DESTIN HORS DU COMMUN

MÉMOIRE D'UN DESTIN HORS DU COMMUN

Paulette Valcourt

Je dédie ce livre :

À mes enfants chéris Daphnée, Danicka, Roland Paul et Schneider.

Mes petits-enfants Allain Paul et Paul Christopher.

Que vos pas vous mènent sur vos vrais chemins de liberté et de paix intérieure, pour la réalisation de vos rêves.

À toute ma famille de sang ou de cœur.

Préface

Ce n'est pas le vent qui décide de votre destination, c'est l'orientation que vous donnez à votre voile. Le vent est pareil pour tous.

Jim Rohn

L'écriture m'a toujours accompagnée, mais ce n'est que récemment que j'ai pris conscience de sa réelle importance. Depuis mon adolescence, j'ai l'habitude de tout noter : ma planification quotidienne, des anecdotes, mes meilleurs souvenirs, jusqu'aux moins bons. Toutefois, l'envie d'écrire un roman et de le publier ne m'avait jamais sérieusement effleurée, tant je l'avais enfouie au plus profond de mon subconscient, comme archivée sur le disque dur d'un ordinateur.

Depuis toute petite, je suis animée d'une grande vision humanitaire. Enfant, je regardais les camarades de mon âge qui n'avaient pas les mêmes chances que moi, qui ne pouvaient pas aller à l'école, qui n'avaient pas un train de vie identique au mien.

Cela m'a amenée, en 2010, à créer la fondation Désir, sur les thématiques de l'éducation, de la santé et du renforcement des capacités des femmes. Malheureusement, j'ai dû laisser ce projet derrière moi, par la force des choses.

Entre 2011 et 2017, j'ai suivi la formation en genre et développement à l'Institut des Hautes Études Internationales et du Développement de Genève (IHEID).

Le premier exercice demandé était de rédiger une courte autobiographie. Mais même si, sur le coup, cela a fait naître en moi l'envie de le pousser plus loin, cette idée est finalement restée lettre morte.

2019 a été mon année d'éveil. Trois personnes que j'affectionne beaucoup, mais d'horizons complètement différents, m'ont lancé, tour à tour : « Pourquoi tu n'écris pas un livre ? » J'ai eu le déclic en août. J'ai timidement commencé, jusqu'en novembre, où mon écriture s'est totalement tarie. Une période de remise en question très difficile a suivi, mais mon introspection m'a permis d'arriver à la conclusion que je devais vivre ma réalité, qu'elle m'appartenait et que c'était à moi de la créer.

Je me suis remise à l'écriture à la fin du mois de mars 2020, en plein confinement. Et cette fois-ci, j'ai appliqué à fond la citation de Jim Rohn et j'ai donné une nouvelle orientation à ma voile. Je me projette totalement dans ce bel univers qu'est l'écriture, afin de partager, avec mes lecteurs et lectrices, les leçons apprises, mais aussi les récits de tout ce qui bouge, en moi et autour de moi.

J'écris de ma maison, souvent la nuit quand je n'arrive pas à dormir. Mon inspiration prend sa source dans mon vécu, de mon enfance à aujourd'hui, dans toutes les rencontres et les expériences que j'ai pu faire. Et la phrase de Martin Luther King m'accompagne dans ce nouveau chemin : « Croyez en vos rêves et ils se réaliseront peut-être. Croyez en vous et ils se réaliseront sûrement. »

J'ai réussi à surmonter ces difficultés pour créer mon rêve et cela a dopé ma confiance en moi. J'ai pris conscience que rien de ce qui nous arrive dans la vie n'est jamais un échec, tout va dépendre de ce que vous faites de la situation. Un échec n'est que l'opportunité de recommencer la même chose, mais de manière plus intelligente. Et, surtout, on ne doit jamais avoir peur de recommencer !

Tu ne changeras pas ton existence tant que tu ne sortiras pas de ta zone de confort. Prends des risques, essaye l'inhabituel, sois courageux pour bousculer tes repères et te placer dans un environnement que tu ne connais pas !

Prologue

13 janvier 2020

Quelques heures de lenteur et de paix.

C'était la promesse que Josué avait faite à Kella en lui proposant de s'éloigner un peu de Jacmel, pour sa dernière journée dans la région.

— Tu as besoin de calme. Profite de cette sortie pour réfléchir, avant de prendre ta décision. Je sais exactement ce qu'il te faut.

Son cousin avait raison. Bassin Bleu était l'endroit idéal pour penser à l'avenir, en revenant d'abord à l'essentiel. Le quasi-silence. La nature. La lenteur et la paix.

Allongée dans l'eau claire, flottant entre terre et ciel, Kella savait déjà qu'elle se plierait à la demande de ses parents. Mais l'illusion de la réflexion et du choix l'apaisait un peu.

Après les semaines atroces que la jeune fille venait de vivre, la simple sensation de l'air tiède sur sa peau était un délice. Sa chevelure tressée ondulait derrière elle, au milieu des reflets irisés du soleil et des ombres fugaces. Son corps lui semblait suspendu, comme le temps.

Oui, elle savait déjà qu'elle obéirait, malgré ses réticences. La décision ne lui appartenait pas vraiment et son avis ne pesait pas grand-chose, devant l'insistance paternelle. Elle respecterait le choix de ses parents et repartirait loin d'eux, sans doute pour plusieurs années. Peut-être pour toujours ?

Réprimant un sanglot, Kella se força à respirer lentement et se concentra sur le bruit de la chute d'eau, toute proche. Il ne lui restait plus beaucoup de temps avant l'heure du retour à Jacmel. Elle devait profiter jusqu'au bout de cette parenthèse, de la douceur de l'après-midi qui avançait trop vite à son goût.

Équipé d'un gros sac à dos, Josué était venu la chercher devant la maison familiale très tôt le matin et ils avaient d'abord rejoint La Vallée, la petite communauté de communes distante d'à peine trente kilomètres, où leurs parents avaient passé leur enfance. Un trajet de plus de quarante-cinq minutes et assez fatigant, en raison du mauvais état de la route sur laquelle la vieille moto de son cousin rebondissait et dérapait.

Josué était guide accompagnateur pour les touristes en visite à Jacmel. Il avait pris un jour de congé spécialement pour tenir compagnie à Kella et lui changer les idées. Un geste tout sauf anodin, puisqu'il économisait chaque sou depuis des années, afin d'ouvrir sa boutique d'artisanat, et que la moindre course comptait.

La matinée passée à La Vallée – plus exactement près de Ridoré, la zone urbanisée du district – avait ressemblé à un pèlerinage. Kella n'avait pas eu l'occasion d'y revenir depuis plus de dix ans. Sa dernière visite, effectuée quelques semaines avant la catastrophe de 2010, remontait à l'époque où elle avait encore des grands-parents à aller voir. Le tremblement de terre ne les avait pas épargnés. Aujourd'hui, la parcelle de terrain où se situaient les deux petites maisons était abandonnée. On y distinguait toujours les traces d'un chemin, envahi par la végétation, et les restes écroulés des deux bâtisses. Là aussi, le temps s'était arrêté.

Kella et Josué avaient passé une heure à marcher alentour, à proximité des plantations d'agrumes et de café, à se raconter de vieux souvenirs et à évoquer la mémoire de leurs aïeux, principalement celle de leur grand-mère commune, Judith. Une femme courageuse qu'ils avaient tous deux adorée.

Vers 10 heures, ils avaient partagé un plat de poulet en sauce accompagné de millet, vendu par un marchand ambulant, avant de remonter sur la moto et de prendre la route en sens contraire. À mi-parcours, ils avaient bifurqué sur une piste sinueuse, puis rapidement mis pied à terre, en raison d'un pneu crevé. Ils avaient rejoint le site de Bassin Bleu en marchant. Près du kiosque d'entrée, la réparation serait plus simple à effectuer.

La fin du trajet avait été laborieuse, Josué devant pousser son véhicule sur le chemin poussiéreux, dans une chaleur humide qui rendait la respiration difficile. Il avait laissé l'engin près du parking où étaient garées quelques voitures louées par les touristes plus fortunés. En tant que guide officiel porteur d'un badge, son cousin avait négocié au plus bas les frais d'accès au site, pour moins de cent gourdes. L'homme employé au bureau d'entrée réservait ses tarifs plus élevés aux visiteurs étrangers. Kella, malgré ses années d'absence et son apparence sophistiquée, ne rentrait manifestement pas dans cette catégorie.

Elle avait remercié Josué avec un petit sourire gêné. Il se privait déjà des revenus qu'une journée de travail normale lui aurait rapportés, il devait réparer son pneu… et il dépensait même de l'argent pour elle.

Son cousin l'avait rassurée :

— Je suis content de faire ça pour toi.

Après avoir remis sa moto en état, avec l'aide du responsable des entrées, il avait récupéré son gros sac à dos et montré la voie d'un geste de la main. Quelques minutes de marche plus tard, leurs efforts avaient été amplement récompensés.

Kella avait redécouvert le site avec ravissement. D'abord, le bassin Cheval, le plus accessible des quatre et le moins profond. Un lieu si modeste que la plupart des guides omettaient carrément de le mentionner dans leurs pages. Plusieurs enfants s'ébattaient dans l'eau en riant, sous l'œil de quelques adultes. Josué avait salué les accompagnateurs présents, mais sans s'arrêter. Leur véritable destination les attendait un peu plus loin, à environ vingt minutes de marche.

Ils avaient dépassé le bassin Yes, puis le Palmiste, avant d'arriver au bassin Clair, le plus impressionnant de tous. Là, Josué avait enlevé ses chaussures, demandé à Kella de faire de même, puis ouvert son sac pour y récupérer une longue corde. Sans elle, impossible de descendre au bord de l'eau. La jeune fille avait franchi les derniers mètres sous l'œil vigilant de son cousin, en plaçant avec précaution ses pieds nus dans la roche trouée : si l'exercice était simple et banal pour lui, ce n'était pas le cas pour elle. La seule fois où elle était venue jusqu'au quatrième bassin, elle avait 8 ans et son père la portait sur son dos.

C'était une chance que l'on soit lundi : moins de touristes et très peu d'agitation alentour. Et à midi, le soleil éclairait encore bien la zone. Kella, qui avait prévu un maillot de bain sous ses vêtements, s'était vite déshabillée pour s'immerger avec bonheur. Après la chaleur et la fatigue du trajet, l'eau du bassin Clair était un véritable enchantement. Josué lui avait répété ce qu'il expliquait habituellement aux touristes :

— Il y a des minéraux spéciaux, ici. Tu flottes mieux que dans d'autres lacs naturels.

Et il avait ajouté qu'il ne fallait pas plonger trop loin, car la légende disait que des sirènes pouvaient attraper et emmener les audacieux qui essayeraient de mesurer la profondeur du bassin. Ce récit-là, Kella le connaissait déjà. Elle avait ri, tout en éclaboussant le visage de son cousin, resté sur le bord. Pendant qu'il se reposerait et surveillerait leurs affaires, elle allait nager un peu, pour contempler la chute d'eau principale et s'isoler un moment. Pour méditer aussi.

Après tout, c'était bien pour cela que Josué l'avait amenée ici, aujourd'hui.

Pour quelques heures de lenteur et de paix.

Depuis, Kella laissait son corps dériver doucement, bras et jambes écartés, yeux mi-clos. Le soleil était maintenant à moitié caché par la végétation, cependant la température demeurait très agréable. La jeune fille flottait sans effort, mais luttait pour repousser les idées noires qui l'assaillaient par intermittence. Boston. Un nouveau départ. Le visage marqué de ses parents. La peur. L'impression d'être déracinée. La solitude. Tout se mélangeait. Ses pensées lui paraissaient aussi liquides que l'eau du bassin.

Kella était consciente de l'existence privilégiée que sa famille avait pu lui offrir. Cela ne faisait qu'ajouter un peu de culpabilité à sa détresse. Ne devait-elle pas se réjouir ? Son père lui répétait sans cesse que leur pays ne sortirait jamais vraiment de la violence.

Que sa vie à elle devait se faire ailleurs. Qu'elle n'était plus à sa place, ici. Que Dieu avait d'autres plans pour elle qu'une existence précaire à Haïti.

Peut-être avait-il raison. Mais Kella n'était plus sûre de rien. Toutes ses vieilles certitudes s'étaient effritées au fil des années passées à l'étranger, pour s'effondrer presque totalement un mois plus tôt, après la trahison de Farah. Sa presque sœur devenue sa pire ennemie. Non, ne pas repenser à elle, c'était trop douloureux…

À la place, Kella tenta de visualiser d'autres visages. Ceux des personnes qui voulaient son bien, qui se souciaient de son bonheur. La plupart étaient ici, à Jacmel. Certains se trouvaient à Port-au-Prince, où elle avait passé une grande partie de sa vie et d'où ses parents n'étaient revenus que récemment. Et d'autres l'attendaient à Boston, sans même le savoir. Car elle avait quitté cette ville sans imaginer qu'elle devrait y repartir seulement quelques mois plus tard. Son retour allait les surprendre.

Oui, Dieu avait peut-être d'autres plans pour elle. Encore fallait-il qu'il existe vraiment. Et si c'était le cas, qu'il se soucie un minimum de la condition humaine…

Kella se mordit la lèvre inférieure, étonnée par cette absence momentanée de foi. Son sentiment de culpabilité s'accrut. Elle s'en voulait de remettre en cause l'un des enseignements primordiaux de ses parents, mais après tout, n'avait-elle pas raison de se poser la question ? On lui avait transmis des dizaines de valeurs que la réalité bafouait constamment, sans aucun scrupule. La bonté. La solidarité. La charité. L'indulgence. Rien de tout cela n'avait empêché la malveillance de s'abattre sur elle et ses proches.

Et rien de tout cela ne repoussait les catastrophes naturelles, les dictatures, la corruption, la violence et la mort. La veille, on avait commémoré les dix ans du tremblement de terre. En quoi les choses s'étaient-elles vraiment améliorées depuis cette catastrophe ?

Et cela durait depuis si longtemps. Son pays souffrait constamment, pris entre des intérêts contradictoires, enlisé dans des difficultés structurelles qui semblaient vouées à ne jamais disparaître. Même le choléra avait réussi à s'infiltrer dans la population, peu après le séisme de 2010. À croire qu'une malédiction avait été jetée sur ce territoire déjà tellement meurtri.

Oui, Kella se posait des questions, doutait de tout et craignait l'avenir. Elle était privilégiée, certes, mais malheureuse. Ses proches s'étaient échinés à lui offrir une vie meilleure et elle ne parvenait pas à apprécier sa chance. Elle regrettait les années plus insouciantes de sa jeunesse. À l'époque, les récits familiaux qu'on lui racontait ressemblaient à une succession d'aventures. Aujourd'hui, elle connaissait les combats menés et les sacrifices consentis. Qu'auraient pensé ses grands-parents de son manque de reconnaissance ? Qu'aurait dit Judith de la foi vacillante de sa petite-fille ?

Alors que les minutes filaient comme l'eau entre ses doigts, Kella décida de se raccrocher à l'histoire de sa famille et de plonger dans ses souvenirs ravivés par sa visite matinale de La Vallée. Avant qu'il soit l'heure de rentrer à Jacmel préparer ses bagages, il lui restait un peu de temps pour remonter en arrière et revenir là où le récit de sa propre vie avait commencé.

1 – Deux familles unies

24 juin 1978

Judith laissa échapper un soupir de satisfaction en contemplant le paysage qui s'étendait à perte de vue. Du plateau de Ridoré, on pouvait observer toutes les localités environnantes, les nombreux pics qui se découpaient sur le ciel, les vallées colorées et la mer des Caraïbes, en contrebas. En se tournant vers le nord, par temps clair, on pouvait même distinguer l'île de la Gonâve, située à l'ouest de Port-au-Prince. Ridoré lui ouvrait des fenêtres sur des lieux différents, des visions changeantes qui évoluaient avec les saisons et ne la lassaient jamais.

Elle avait beaucoup de chance. Sa vie était rude, mais belle. Dieu lui avait offert bien des cadeaux, malgré les épreuves.

Et aujourd'hui, on célébrait la naissance d'un prophète majeur, saint Jean Baptiste, patron de la commune de La Vallée. Alors, Judith se sentait particulièrement joyeuse et reconnaissante de pouvoir assister aux festivités et animations qui duraient depuis plusieurs jours et se termineraient le lendemain, avec une messe spéciale et une grande chorale.

Cet après-midi, les filles de l'école Saint-Paul allaient présenter le spectacle de danse pour lequel elles se préparaient depuis des semaines. La mairie était ornée de fleurs et tous les bâtiments officiels avaient été transformés en stands divers pour la petite foire : sacs, chapeaux, bijoux, livres et autres accessoires étaient exposés pour mettre en valeur l'artisanat local. Sur des tables disséminées dans le quartier, des plats de toutes sortes montraient l'étendue du savoir-faire gastronomique de la commune.

Un magnifique décor, qui aurait dû attirer une foule nombreuse. Pourtant, les rues restaient peu animées, la majeure partie des visiteurs habitant dans la région. Malheureusement, le tourisme demeurait timide, après vingt ans de fort ralentissement dû à la dictature de François Duvalier. « Papa Doc » avait instauré un tel régime de terreur dans le pays que les étrangers avaient renoncé à découvrir Haïti.

Judith se souvenait parfaitement de la venue du despote à Jacmel, dix-huit ans plus tôt, très exactement, à un jour près. Elle-même avait alors 11 ans. Duvalier avait fait un discours, justifié l'orientation politique autoritaire de son gouvernement et insisté sur l'intérêt du soutien américain. La petite fille qu'elle était à l'époque n'avait pas tout compris. Puis la moitié des hommes de sa famille avaient disparu, en l'espace de quelques années, dans des circonstances mystérieuses. Son propre père avait quitté la maison un matin pour ne jamais rentrer le soir. Personne ne savait ce qu'il était devenu. Le chagrin et le désespoir avaient consumé son épouse, qui s'était éteinte quelques mois plus tard. Elle avait tout juste eu le temps de voir sa fille se marier. Dix ans s'étaient écoulés depuis. Parfois, Judith avait la sensation qu'un siècle la séparait de cette période.

Plusieurs de ses cousins éloignés avaient fui le pays. Certains pour partir au Congo, d'autres au Brésil, au Canada ou encore aux États-Unis. Enfin, quelques-uns avaient tenté d'entrer en République dominicaine, en raison de sa proximité. Mais ils avaient été ramenés de force, l'État voisin contrôlant ses frontières avec fermeté.

De tous ces exilés, on ne recevait que peu de nouvelles. Souvent aucune.

Durant son adolescence, Judith avait pris la mesure de la réalité. La terreur était institutionnalisée. Corruption, tueries, pillages et exécutions sommaires étaient le quotidien d'Haïti. Les ressources naturelles et agricoles étaient littéralement volées à la population. En faisant massacrer des dizaines de ses opposants supposés, en 1963, puis en s'autoproclamant président à vie, un an plus tard, Duvalier avait scellé le destin des habitants pour longtemps.

Bien sûr, il était mort, en 1971, mais son fils Jean-Claude lui avait succédé et rien ne s'était amélioré. Les Tontons Macoutes continuaient de répandre la terreur un peu partout et de museler les voix discordantes. Extorsions, arrestations arbitraires et viols étaient monnaie courante. Mieux valait rester dans l'ombre et ne pas attirer l'attention de cette milice sinistre.

Judith était suffisamment éduquée pour comprendre que son pays était ruiné par des années de détournement de fonds. Sa famille vivait dans une pauvreté constante, tout juste capable d'assurer sa propre subsistance. La jeune femme savait que l'avenir était sombre. Malgré tout, elle s'estimait chanceuse et remerciait Dieu pour ses faveurs, aussi minuscules soient-elles.

Voir ses deux aînés, Esther et David, chanter dans la chorale de l'église serait un grand moment de joie, durant la messe du lendemain. Pour l'heure, Judith devait rentrer s'occuper des benjamins, Evens et Éric, âgés respectivement de 4 et 2 ans. Leur sieste allait bientôt se terminer et elle ne pouvait pas demander à sa voisine Dina de les surveiller trop longtemps. Celle-ci se remettait lentement de l'accouchement difficile de son troisième enfant.

Judith compléta les quelques achats qu'elle était venue faire au centre-ville et repartit chez elle d'un pas aussi rapide que possible, sentant des gouttes de pluie tiède qui commençaient à tomber. Sa maison était située un peu plus bas dans la vallée, à une vingtaine de minutes à pied. L'averse s'intensifiait quand la jeune femme parvint à destination. Sa voisine Dina décrochait du linge sec d'un filin installé dans la cour que leurs deux familles partageaient et le pliait sommairement pour le déposer au fond d'un grand panier en osier.

— Attends, j'arrive pour t'aider !

Judith entra vite chez elle pour y laisser son cabas et ressortit immédiatement pour prêter main-forte à son amie. Elles terminèrent leur tâche à moitié trempées, sous un véritable déluge. La saison des pluies, caractérisée par de brusques orages tropicaux, pouvait se montrer violente et capricieuse. Elles se précipitèrent vers la maison de Judith, une bâtisse de taille modeste construite en bois et ciment coloré.

— Il me reste un peu de café de ce matin, Dina. Tu veux en boire un avec moi ?

Sa voisine hocha la tête, en souriant doucement, sans parler. C'était une femme de peu de mots, amicale mais réservée.

Petite et menue, elle donnait l'impression de pouvoir disparaître au moindre coup de vent. Judith connaissait cependant sa grande force, malgré les apparences.

— Viens, je vais le réchauffer…

Elles s'installèrent dans la pièce principale, à la table familiale, sur deux des tabourets. Dehors, la pluie montrait déjà des signes de faiblesse. L'averse ne durerait plus longtemps.

Judith décrivit sa courte visite à Ridoré : les décorations, les répétitions, l'ambiance…

— J'aurais aimé qu'on aille voir le spectacle de danse, mais c'est dans moins d'une heure. Les petits se sont réveillés ?

— Pas encore. Ils se sont endormis tard. Et Samuel a voulu rester avec David et Esther, pour aider aux champs. Il dit qu'il n'est plus un bébé.

Dina accompagna ces derniers mots d'un léger rire. Le garçon était son aîné, âgé de 5 ans. Depuis quelques semaines, il mettait un point d'honneur à affirmer que sa place se trouvait parmi « les grands », c'est-à-dire avec ses voisins David et Esther, plus vieux que lui de deux et quatre ans. Devoir faire la sieste avec ses sœurs cadettes Annette et Rosena, ainsi que les petits Éric, 2 ans, et Evens, 4 ans, était devenu source constante de protestations et Dina n'avait plus envie de lutter quotidiennement avec son fils, ce que Judith comprenait parfaitement. À elles deux, les jeunes femmes élevaient sept enfants, sans compter toutes les corvées ménagères et la surveillance des animaux de ferme. Un travail ininterrompu et éreintant.

— C'est très bien. Esther sait s'occuper d'eux et les hommes vont garder un œil sur tout le monde.

Judith faisait référence à Jocelyn, le mari de Dina, et Wilbert, son propre époux. Eux aussi s'entendaient bien. Ils avaient même mis leurs parcelles de terre en commun, afin de s'organiser plus efficacement et de mieux vendre leur production. Ils ne rentreraient pas avant plusieurs heures.

Elle ajouta :

— Tant pis pour le spectacle. Je n'ai pas le courage de repartir tout de suite. À moins que tu aies envie d'y aller ?

Dina secoua la tête.

— Non, j'ai du ménage. Et le linge à terminer. Tout n'a pas eu le temps de sécher.

Elles finirent leur café et allèrent suspendre à nouveau les vêtements encore humides. Dans un enclos à proximité, quelques poules et cochons s'affairaient dans la boue. Pendant la saison des pluies, toute la cour était constamment détrempée, ce qui compliquait le nettoyage des femmes. Elles traquaient les marques de chaussures et les taches un peu partout.

Judith soupira :

— Il faudrait répandre des cailloux, ici, au moins devant l'entrée. Ce serait plus simple…

En attendant le réveil des quatre enfants endormis dans la maison de Dina, les deux voisines se dépêchèrent de terminer leurs tâches. Judith se chargea du plus difficile, pour soulager son amie qui avait du mal à marcher : transporter les paniers de grain et d'épluchures de légumes, pour nourrir les bêtes, puis aller remplir des seaux au puits situé derrière l'enclos. On leur promettait depuis des mois que l'électricité et l'eau courante finiraient par arriver chez eux, mais la jeune femme était plus que dubitative.

Combien d'années faudrait-il encore ?

La fin d'après-midi passa rapidement : les quatre enfants se réveillèrent et rejoignirent leurs mères avec des cris joyeux. Dina nourrit Rosena, sa dernière-née, et Judith s'employa à encadrer les jeux des trois autres, tout en surveillant le linge de son amie, entre deux orages. Elle s'attela ensuite à la préparation du dîner. Ce soir, il y aurait du riz, une sauce de pois génois broyés et un peu de porc frit. Une bouillie de banane compléterait le repas.

Puis Judith vérifia si Dina n'avait pas besoin d'aide pour s'organiser, de son côté. Trois enfants en bas âge demandaient beaucoup d'attention et faire la cuisine en s'occupant d'eux simultanément pouvait vite devenir épuisant.

Quand les hommes, accompagnés des trois aînés, rentrèrent enfin, un peu avant 19 heures, tout le monde se salua dans un brouhaha général, puis les deux familles se séparèrent rapidement. Judith savait que Wilbert devait être affamé, après des heures de travail. Il lui paraissait plus fatigué que d'habitude, soucieux et distrait, et elle voulait aussi comprendre ce qui le tracassait.

Durant le repas, elle raconta son passage à Ridoré et rappela à Esther et David qu'ils devraient se lever plus tôt, le lendemain, pour se rendre en avance à l'église et finir de se préparer avec leurs camarades de chorale. Elle tenta d'alimenter la conversation, tout en s'assurant que chaque enfant mangeait proprement. Le mutisme de Wilbert l'inquiétait et elle manquait de patience pour animer le souper toute seule. Elle demanda très vite à ses aînés de quitter la table et de se charger de coucher les plus jeunes, pendant qu'elle serait occupée.

Elle voulait discuter en tête-à-tête avec son époux.

À voix basse, Judith l'interrogea :

— Qu'est-ce qui ne va pas ?

Son mari était un bel homme qui souriait souvent et prenait la vie avec philosophie. Il était rare que des disputes éclatent entre eux ou qu'ils arrêtent de se parler. Ce soir, Wilbert semblait transformé. Sa peau cuivrée avait l'air plus pâle. Son dos, plus courbé. Il regardait fixement devant lui, comme s'il cherchait une solution à un problème qu'il était seul à percevoir.

— Tu m'écoutes ? Dis-moi ce qui arrive…

Il finit par ouvrir la bouche avec difficulté, en se passant une main devant les yeux.

— Jocelyn a entendu des rumeurs…

— Quelles rumeurs ?

— Des gars de Jacmel avec qui il a parlé… Ils ont appris que les cochons étaient malades, chez les Dominicains. Que c'est comme une peste qui les tue… Et que c'est en train de venir de notre côté…

Judith comprit tout de suite l'inquiétude de son époux. Leurs cochons étaient certainement leur bien le plus précieux. Ils en possédaient trois. Jocelyn et Dina, deux. Wilbert avait pour projet d'en acquérir un de plus, à force d'économies. Une seule bête pouvait payer un an de scolarité à deux enfants. C'était l'équivalent d'une épargne, utilisée pour financer les études, les mariages, les urgences médicales et faire face à toutes les difficultés de la vie. Une épargne différente de celle des riches, certes, mais une épargne quand même. Les agrumes, le manioc et les pommes de terre ne représentaient qu'une fraction de leur valeur.

Perdre ces bêtes serait une catastrophe.

Elle tenta de rassurer Wilbert :

— Nous sommes à l'écart. Nos cochons sont isolés.

Il secoua la tête.

— Ils disent que ça peut se transmettre par les tiques. Et elles se déplacent vite…

Judith resta silencieuse quelques instants.

— Que veux-tu faire ? Les vendre maintenant ? Ce n'est pas le meilleur moment, il faudrait que le dernier grossisse encore…

— Je ne sais pas… Je dois réfléchir. Je vais aller me coucher aussi, je suis fatigué.

Elle lui prit doucement la main, tandis qu'il se levait.

— Les enfants chantent, demain matin. Tu devras leur montrer que tu es fier d'eux.

— Je le suis. Bien sûr que je le suis…

Ce soir-là, Judith pria avec une ferveur toute particulière, persuadée que Dieu entendrait son inquiétude et les soutiendrait dans cette nouvelle épreuve.

2 – Une enfance fraternelle

1978 à 1990

Les événements devaient justifier l'inquiétude de Wilbert, puisque des milliers de cochons tombèrent malades et moururent, avant la fin de l'année 1978. Devant la progression de l'épidémie et sous la pression des États-Unis, qui avaient peur qu'elle finisse par se répandre sur le continent, le gouvernement haïtien décida d'imiter les Dominicains et de faire abattre massivement les bêtes, d'abord le long de la frontière séparant les deux pays. Entre juillet et fin septembre, plus de cent mille porcs créoles furent ainsi massacrés.

Malheureusement, la création de ce cordon sanitaire ne suffit pas et le virus continua d'avancer. L'année qui suivit, après l'officialisation par les pouvoirs publics de la présence de la peste porcine africaine en Haïti, le cheptel perdit près d'un million de têtes, soit plus de la moitié des cochons, en moins de douze mois. Tout le pays était contaminé.

Pris de panique, les gouvernements américains, canadiens et mexicains imposèrent à Haïti un grand projet d'éradication, avec comme consigne : « Tuer sans laisser aucune trace toute la population porcine d'Haïti, pour bloquer la propagation du virus et causer son extinction sur le sol même de l'île ». Ce qui, après une période de réticence de la part de l'État, fut finalement effectué entre mai 1982 et juin 1983, entraînant ainsi la disparition pure et simple du cochon créole.

À la place, les Américains offrirent une « compensation » aux paysans ayant perdu leurs bêtes : des cochons de remplacement, fournis par les États-Unis. Ceux-ci ne s'adaptaient pas bien aux conditions climatiques et à l'alimentation locale, coûtant bien plus cher aux éleveurs que l'ancienne espèce native. Ils avaient besoin d'eau parfaitement potable, de vaccins réguliers et de nourriture importée. Autant de facteurs insurmontables pour l'agriculteur moyen. Au bout du compte, ces nouveaux porcs censés repeupler le pays ne mouraient plus de la peste, mais de leur trop grande fragilité.

Ce fut une véritable tragédie économique, qui se traduisit par une baisse drastique des inscriptions scolaires les années suivantes. En perdant leurs cochons, les Haïtiens se virent aussi dépouillés d'un petit bout de leur fierté.

Heureusement pour les familles de Wilbert Georges et de Jocelyn Salomon, ces derniers avaient pris les bonnes décisions, dès les premières rumeurs de l'été 1978. Ils n'avaient même pas attendu que s'ouvre la campagne gouvernementale de rachat des cochons créoles pour vendre les leurs. Cela leur avait permis de limiter leurs pertes et de placer leur argent à l'abri, le temps que cette crise s'éteigne peu à peu.

Les sept enfants n'eurent donc pas à souffrir d'interruption dans leur scolarité, contrairement à une majorité de leurs camarades de La Vallée. Judith et Dina devaient compter la moindre dépense et gérer un budget misérable, mais elles parvenaient à tenir bon.

Toutes deux refusaient purement et simplement l'idée que l'éducation ne soit plus une priorité.

Les uns après les autres, tous poursuivirent leur cursus : David, Evens, Samuel et Éric à l'école Léonce Mégie, dirigée par les Frères de l'instruction chrétienne ; Esther, Annette et Rosena à l'école Saint Paul, administrée par les Filles de Marie. Les deux établissements catholiques de Ridoré accueillaient leurs élèves de la classe élémentaire aux niveaux secondaires.

Si les enfants manquaient souvent de matériel ou de vêtements neufs, leur détermination, elle, était sans faille. Leurs mères se montraient intraitables : devoirs et participation aux tâches ménagères étaient non négociables, dès le retour de l'école. Le relâchement ne serait pas toléré.

Aux yeux de Judith, en particulier, l'exemplarité était une vertu. Dieu ne soutenait que ceux qui s'aidaient eux-mêmes. Il était hors de question que sa famille ne soit pas à la hauteur. Ses enfants auraient une meilleure vie que la sienne. Il le fallait.

Sa foi et sa résilience furent testées à plusieurs reprises, durant les années qui suivirent. L'ouragan Allen, en août 1980, les inondations de juin 1986, puis l'ouragan Gilbert, en septembre 1988, éprouvèrent successivement la côte sud-est du pays. Chaque fois, la même dévastation, les mêmes ruines, les mêmes terres noyées et les mêmes récoltes anéanties. Des amis morts ou disparus, des bâtiments à relever.

Les habitants de La Vallée étaient mieux protégés que ceux qui vivaient en plaine littorale, mais le découragement s'abattait collectivement sur toute la région autour de Jacmel. Les répercussions économiques et sociales n'épargnaient finalement personne et la reconstruction prenait des mois après chaque catastrophe.

Et c'était sans compter le contexte politique, toujours très compliqué. D'octobre 1985 à janvier 1986, des révoltes éclatèrent partout dans le pays, notamment dans le Sud, poussant Jean-Claude Duvalier à réprimer violemment les citoyens, dans un premier temps, puis à choisir l'exil en France, début février. Le lendemain de son départ, alors que les prisonniers du régime étaient progressivement libérés et que la population se vengeait des Tontons Macoutes qui avaient terrorisé la nation pendant presque trente ans, la foule s'en prit au mausolée de son père. Le cercueil de « Papa Doc » fut réduit en morceaux et son corps, battu rituellement.

Trois années de chaos s'ensuivirent, le pays étant entraîné dans une succession de coups d'État militaires, d'attentats et d'opérations punitives menées par les anciens partisans de Duvalier. Plus de mille cinq cents personnes moururent durant cette période, pour avoir simplement milité politiquement. Même si une nouvelle liberté semblait prête à naître, son prix paraissait bien trop élevé.

Malgré toutes ces épreuves, Judith restait fixée sur son objectif majeur : l'éducation de ses enfants. Quel que soit le nombre de coups durs que la vie leur réservait, sa famille se relèverait toujours. Elle en était convaincue.

Ses trois aînés obtenaient de bons résultats et elle était fière de leur parcours : ils accédèrent successivement aux classes secondaires avec des notes plus que convenables, se dirigeant peu à peu vers des études administratives. Mais c'était surtout Éric qu'elle observait attentivement. Son benjamin montrait des dispositions supérieures à la moyenne, avec des facilités évidentes en mathématiques et sciences. Ses instituteurs chantaient régulièrement ses louanges.

Judith se demandait parfois pourquoi son dernier fils se distinguait autant. Était-ce l'influence positive d'Annette, elle aussi brillante ? La cadette de Dina était presque la jumelle d'Éric, à un mois près. Curieuse et dotée d'une grande vivacité d'esprit, elle poussait son ami à se dépasser. C'était toujours à qui rendrait le meilleur devoir ou obtiendrait le maximum de compliments. Ils étudiaient dans des écoles différentes, mais les programmes étaient identiques. Entre eux, l'émulation constituait un jeu à part entière.

Annette et Éric étaient précisément ce que les gens aimaient qualifier de « bons gamins ». Sages, mais pas trop réservés ; dynamiques, mais pas turbulents ; studieux, mais pas excessivement zélés. Judith et Dina ne cachaient pas leur bonheur. Elles étaient fières de tous leurs enfants, mais savaient que ces deux-là possédaient un petit quelque chose en plus. Une étincelle supplémentaire, en quelque sorte.

Les voir rentrer ensemble de l'école procurait à Judith un moment de satisfaction particulier. Elle les attendait, chaque jour de la semaine, en se postant au bout du chemin qui reliait la route principale à la cour. De loin, elle regardait leurs silhouettes se rapprocher et distinguait les nombreux mouvements de bras qui soulignaient leurs conversations toujours animées. Parfois, Dina l'accompagnait et les deux femmes ne pouvaient s'empêcher de rire doucement en observant leurs enfants.

Un après-midi, elle déclara à Judith :

— Ils pourraient être frère et sœur.

— Oui, Éric est plus proche de ta fille que d'Evens. C'est normal, ils font tout ensemble.

Oui, ces deux-là étaient quasi inséparables.

Durant les jours de congé, quand ils devaient participer aux tâches ménagères qui semblaient ne jamais s'arrêter, on ne voyait jamais l'un passer sans l'autre derrière. Ils partageaient leurs corvées, leurs jeux, leurs devoirs et leurs discussions. Une relation si fusionnelle que certains membres de leurs fratries se moquaient gentiment d'eux, parfois.

— Éric, tu veux aussi mettre les mêmes robes qu'Annette ?

— Annette, tu n'en pas assez qu'il te suive partout ?

Mais rien n'y faisait. Leur attachement réciproque était bien supérieur à celui qui unissait Evens à Samuel, alors que les deux garçons n'avaient qu'un an d'écart. Eux s'appréciaient, bien sûr, mais avaient d'autres amis proches. David et Esther, les deux aînés de Judith, étaient nettement plus âgés et leurs centres d'intérêt divergeaient peu à peu. Quant à Rosena, la petite dernière de Dina, c'était une enfant plus solitaire, qui préférait le calme et s'isolait souvent dans un coin pour lire.

Depuis leur naissance, Annette et Éric avaient découvert le monde ensemble, en se tenant littéralement par la main. Ils s'étaient consolés dans les moments où les adultes affrontaient de grandes difficultés, sans assez de temps ou d'énergie à leur consacrer. Ils s'étaient avoué leurs peurs, leurs espoirs et leurs doutes. Ils avaient construit autour d'eux une bulle de confiance et de sérénité qui rendait leur existence plus douce et moins effrayante.

Judith comprenait tout cela, même si elle craignait parfois que son fils manque de camarades de son âge et qu'Annette se prive aussi des amies qu'elle aurait pu se faire à l'école. Au fond d'elle, quelque chose lui soufflait que tous deux étaient des âmes sœurs. Dieu s'exprimait certainement, à travers eux. Il leur avait offert une connexion spéciale, si précieuse dans cette vie difficile. Une force supplémentaire pour traverser l'enfance de la façon la plus douce possible

Néanmoins, quand l'été 1990 arriva, avec la promesse de véritables élections pour la fin d'année et d'un contexte général plus apaisé, Judith décida qu'il était temps qu'elle pousse Éric encore plus loin et qu'il quitte enfin cette bulle.

3 – La séparation

5 août 1990

Pour la première fois depuis la naissance d'Éric, Judith devait affronter un torrent de colère et de larmes.

— Je n'irai pas ! Je ne partirai pas !

— Tu feras ce que nous avons décidé. C'est mieux pour toi.

— Non, je veux rester ici !

Habituée au respect et au calme que son fils affichait toujours en famille, elle était surprise par la violence de leur discussion. Elle se résolut à reporter la conversation au soir, quand Wilbert serait de retour et qu'il pourrait convaincre Éric que sa réaction était disproportionnée.

Depuis la veille, quand ils avaient profité du repas pour lui annoncer leurs plans, il était muré dans un silence obstiné dont il ne sortait que pour crier son mécontentement. Judith s'était attendue à un peu de réticence et d'angoisse, pas à un refus aussi catégorique et passionné.

Elle commençait à se dire que les choses auraient été plus simples s'ils avaient agi sans demander l'avis d'Éric, en le mettant devant le fait accompli. Lui permettre de se faire à l'idée, en le prévenant un mois à l'avance, leur avait semblé plus raisonnable. Maintenant, Judith n'était plus sûre de ce choix.

— Nous en discuterons à table, tout à l'heure. Tu écouteras ton père.

— Non, maman ! Je ne veux pas y aller, je te dis !

Elle soupira et le laissa quitter la maison. Il allait rejoindre Annette, bien sûr, pour lui parler de cette dispute, comme il lui racontait tout le reste. Ces vacances d'été étaient identiques aux précédentes : les deux enfants passaient la majeure partie de leur temps ensemble, à lire, travailler et refaire le monde.

Judith se reprit mentalement. Non, ils n'étaient plus des enfants. Ils venaient l'un après l'autre de fêter leur quatorzième anniversaire. L'âge adulte arriverait vite. Son rôle de mère était de s'assurer qu'Éric ne gâcherait pas le potentiel que Dieu lui avait donné. Il fallait qu'il puisse profiter des grands changements qui s'annonçaient dans le pays et qu'il contribue à l'effort de reconstruction.

Le directeur de l'école, monsieur Fenelon, avait été clair : l'adolescent disposait de toutes les qualités pour devenir un très bon médecin. Et on en manquait. Haïti avait besoin de tous les talents de sa jeunesse. Par exemple, le dispensaire-hôpital Saint-Joseph de La Vallée, créé en 1980, fonctionnait constamment avec les moyens du bord, sans spécialiste installé à temps plein ; depuis dix ans, rien ne s'était amélioré. Éric n'avait pas le droit de renoncer à ses responsabilités. Sa place n'était pas dans un champ ou dans un atelier de papier mâché, mais dans un cabinet médical.

Judith avait bien compris les attentes de monsieur Fenelon, un homme pragmatique et intelligent qu'elle connaissait depuis vingt ans et qu'elle appréciait beaucoup. C'était déjà lui qui avait guidé Esther vers des études de secrétariat, pour qu'elle puisse travailler dans l'administration, à Port-au-Prince. Il ne l'avait jamais eue comme élève, puisqu'elle dépendait de l'école des filles, mais il avait su conseiller Judith quand la question s'était posée. C'était aussi lui qui s'était occupé d'inscrire David, puis Evens, à des formations agricoles officielles, afin qu'ils puissent épauler leur père plus efficacement et préparer leur reprise ultérieure du lopin de terre.

S'il pensait qu'Éric ferait un bon médecin, il fallait suivre son avis. Mais pour cela, de longues années d'apprentissage supplémentaire s'imposaient. Ce qui était impossible, en restant dans la région. Même à Jacmel, le cursus adéquat n'était pas proposé. L'adolescent pouvait terminer son cycle secondaire à La Vallée, bien sûr, mais monsieur Fenelon avait dit qu'il allait y perdre son temps, tout en prenant du retard dans ses futures études supérieures de médecine. Celles qui ne seraient accessibles qu'à Port-au-Prince. Autant anticiper et le faire partir dès maintenant.

Et c'était là que le bât blessait.

L'idée de Judith et Wilbert était simple : envoyer leur fils vivre chez sa sœur Esther, qui s'était mariée une année plus tôt, juste après avoir fêté ses 20 ans, et installée avec son époux Jonas dans la capitale. Ce dernier avait travaillé pour le gouvernement militaire provisoire du général Prosper Avril, jusqu'au mois de mars précédent, et savait qu'il conserverait son emploi administratif après les élections de décembre.

Tous deux s'étaient rencontrés à Jacmel, pendant la formation d'Esther. Un heureux hasard que Judith attribuait, cette fois encore, à la bienveillance de Dieu. Ils avaient une situation aussi stable que le contexte politique le permettait et disposaient d'un petit appartement dans un quartier calme, où Éric pourrait loger.

Pour Judith, cette perspective était inespérée. Son fils aurait dû sauter de joie à l'idée de quitter La Vallée, où l'électricité et l'eau courante n'étaient toujours que de vagues promesses, pour une vie plus confortable en ville. Deux ans plus tôt, aucun membre de la famille n'aurait jamais imaginé qu'une telle possibilité s'offrirait à eux.

Mais Éric ne regardait la situation que du point de vue de l'enfance : il allait perdre sa « presque sœur », au moins le temps de ses études. Oui, c'était une dure décision, Judith en convenait. Pourtant, elle était convaincue que ce choix était le bon. À Port-au-Prince, sous la supervision d'Esther et Jonas, son fils terminerait le cycle secondaire, puis suivrait le cursus de médecine et obtiendrait son diplôme. Et sans doute un réseau d'amis intéressants. Il pourrait alors revenir, mais pas avant. Peut-être contribuerait-il à faire enfin du dispensaire Saint-Joseph un établissement de soins digne de ce nom ?

Judith réfléchissait à la meilleure façon de le persuader. Puisque l'enthousiasme attendu n'était malheureusement pas au rendez-vous, il fallait qu'elle trouve une approche différente. Tout en faisant son ménage, elle imagina plusieurs hypothèses. Le menacer ne mènerait à rien de bon. Pas plus que tenter de le culpabiliser. C'étaient des méthodes méprisables dont elle ne voulait pas. Elles ne correspondaient ni à sa foi ni à sa vision de la famille.

Non, elle devait faire appel à sa raison. À son bon sens. Éric se montrait actuellement émotif, mais il avait toujours eu la tête sur les épaules. Il étudiait l'histoire, il connaissait l'état de son pays, il avait des notions de politique et d'économie.

Ce n'était pas un rêveur perdu dans un autre monde. De bons arguments pouvaient le convaincre. Il devait comprendre que ses attaches, celles qui l'avaient protégé jusqu'ici, allaient se transformer en freins et l'empêcher de devenir l'homme qu'il était censé être un jour. Il fallait qu'il les coupe…

Tout d'un coup, Judith sut ce qu'elle devait faire.

Laissant de côté ses tâches ménagères, elle enveloppa quelques beignets dans un torchon, sortit de la maison et appela son fils. Toujours boudeur, il répondit néanmoins tout de suite et vint la rejoindre.

— Éric, j'ai oublié de donner ça à ton père. Tu peux aller lui porter ? Il va avoir faim.

— Mais on était en train de…

— S'il te plaît. Après, il sera tard. Tu en as pour vingt minutes.

Il se retourna à regret vers Annette, qui était assise sur un vieux banc, de l'autre côté de la cour. L'adolescente sourit en leur faisant un petit signe de la main.

Éric soupira exagérément, s'empara des beignets et partit au pas de course, en criant à son amie :

— Je reviens vite !

Il disparut derrière l'enclos des poules, en direction du champ où Wilbert, Jocelyn, David, Samuel et Evens travaillaient actuellement. Judith attendit quelques secondes, puis se dirigea vers la maison de Dina pour rejoindre Annette et s'asseoir près d'elle.

— Ta mère est sortie ?

— Oui, elle est partie avec Rosena pour aider madame Lafleur à faire son ménage.

Judith esquissa un sourire.

Dina, malgré le passage des années, restait la même. Toujours prête à secourir son prochain, en dépit de sa santé fragile et de ses propres difficultés.

— C'est gentil de sa part. Tu n'as pas voulu l'accompagner ?

— Eh bien…

L'adolescente grimaça, l'air un peu gêné.

— Oui, je sais… C'est mieux de profiter des vacances, hein ?

Annette laissa échapper un léger rire. Elle était charmante, facile à apprécier. Les origines françaises et espagnoles de ses parents se détectaient immédiatement sur son visage mince. Sa peau plus claire que celle de sa mère et ses longs cheveux noirs bouclés la distinguaient de ses camarades d'école. Le cœur un peu serré, Judith fixa son regard sur les deux grands yeux sombres qui l'observaient. Elle considérait Annette comme sa seconde fille et ce qu'elle avait à lui dire allait l'attrister, c'était certain.

— Il faut que je te parle de quelque chose… J'ai besoin de ton aide.

— Oui, bien sûr, tata !

C'était une réponse sincère et spontanée, caractéristique de l'adolescente. Elle aussi se montrait toujours prête à rendre un service, quand on la sollicitait. Dina l'avait bien éduquée.

— C'est à propos d'Éric. Je sais qu'il t'a raconté notre dispute.

Annette ferma la bouche et se tortilla sur le banc. Judith lui sourit et la rassura :

— Ce n'est pas grave. Ce n'est pas ça, le problème… Il t'a expliqué pourquoi on se disputait ?

— Juste un peu. Il dit que vous voulez le faire partir.

— D'accord… Mais il t'a précisé pourquoi ?

— Pas vraiment.

Judith prit une grande respiration et résuma la situation. Les études à Port-au-Prince, l'appartement d'Esther et Jonas, la chance d'une vie…

Annette l'écouta sans l'interrompre, avec une lueur étrange dans les yeux. Un mélange d'enthousiasme et de chagrin. C'était une fille intelligente, qui venait de comprendre en moins de cinq minutes tout ce qu'Éric refusait de considérer. Elle savait déjà qu'il devait partir et qu'il allait connaître un destin bien plus passionnant que celui des jeunes coincés à La Vallée. Et elle savait également qu'elle n'aurait pas la même chance. Du moins, pas tout de suite.

Judith était au courant des plans de Jocelyn et Dina pour leur cadette. Celle-ci allait terminer ses études secondaires ici. Pendant ce temps-là, ils comptaient économiser de quoi financer l'université. Eux aussi avaient des ambitions pour elle. Mais pas encore les moyens correspondants. C'était trop tôt.

La mélancolie soudaine d'Annette n'avait rien à voir avec la jalousie, cependant. Judith en était certaine. C'était simplement l'expression d'un regret anticipé : elle savait qu'elle allait rester sur le bord de la route, même temporairement, et qu'elle en souffrirait. Judith en avait le cœur serré pour la jeune fille, mais elle devait se préoccuper d'un seul problème à la fois.

— Voilà… Tu comprends, maintenant, pourquoi tu dois l'aider à partir ? Si tu lui dis qu'il n'a pas le droit de gâcher cette chance, toi, il t'écoutera… Je sais qu'il est comme ton frère, tu dois le pousser à faire ce qui est le mieux pour lui.

— Oui, je comprends, tata…

La discussion se poursuivit encore quelques minutes, dans une ambiance plus grave. Judith s'en voulait d'utiliser l'adolescente pour parvenir à ses fins, mais c'était la solution idéale. Si Éric n'était pas capable de couper ses attaches, Annette le ferait à sa place. Par intelligence, par respect pour sa tante et son oncle de cœur, mais surtout par amour quasi fraternel.

4 – Solitude

Septembre 1990 à décembre 1993

Aimer quelqu'un, c'était aussi apprendre à le laisser partir.

Annette en faisait l'expérience depuis une semaine, avec beaucoup de difficulté. Après avoir essayé, durant tout le mois d'août, de se persuader que tout irait bien, qu'elle faisait preuve de grandeur d'âme, qu'elle pouvait être fière d'elle-même… elle affrontait la période de rentrée scolaire seule, pour la première fois de sa vie. Les semaines qui suivirent furent particulièrement éprouvantes.

Privée des petits rituels auxquels elle était habituée depuis toujours, elle trouvait ses journées dépourvues de sens. La route de l'école lui semblait bien plus longue. Les samedis et dimanches passés en solitaire s'éternisaient. L'attente des vacances, en espérant un retour d'Éric, n'en finissait pas. Le temps paraissait étiré, sans rythme. Annette découvrait l'ennui, la morosité et la mélancolie prolongée.

Le départ de son ami d'enfance avait été physiquement douloureux. La jeune fille avait tellement insisté pour qu'Éric s'en aille et saisisse la chance que la vie lui offrait qu'elle ne pouvait pas, le jour des adieux, montrer sa détresse.

Il aurait changé d'avis en un clin d'œil. Annette avait affirmé à Judith qu'elle l'aiderait et elle comptait rester loyale jusqu'au bout. Alors, au moment de dire au revoir, elle avait réprimé ses larmes, souri jusqu'à en avoir les mâchoires tétanisées, et prononcé des paroles de circonstance :

— Profites-en bien ! On va s'écrire toutes les semaines, c'est promis ! Tu me raconteras tout, hein ?

Elle avait joué son rôle aussi parfaitement qu'on pouvait l'espérer. Serré Éric contre elle. Rangé sa petite valise dans le coffre de la vieille voiture d'Esther et Jonas, venus le chercher pour lui éviter un trajet compliqué en car. Souri encore. Agité la main avec enthousiasme pendant que le véhicule s'éloignait sur le chemin et disparaissait dans le virage menant à la route principale. Puis éclaté en sanglots dès qu'elle l'avait perdu de vue. Et rien mangé pendant plus d'une journée. Son estomac ne tolérait aucun aliment, serré comme il l'était.

Dina avait tenté de calmer sa fille, de la réconforter. Mais en vain. Annette se sentait amputée de quelque chose que les adultes ne pouvaient pas comprendre. Ni ses parents ni ceux d'Éric.

Leur sentiment collectif de satisfaction et de fierté était trop fort ; il éclipsait tout le reste. Ils ne pouvaient pas mesurer le vide qui venait de s'ouvrir en elle, même s'ils étaient conscients du lien spécial qui unissait leurs enfants.

Elle avait dû attendre presque trois semaines pour recevoir une première lettre, pourtant datée du lendemain de leur séparation. Le service postal était aléatoire, comme souvent. Sur une feuille soigneusement pliée, Éric avait simplement rédigé quelques lignes, de son écriture appliquée que l'adolescente connaissait par cœur.

Chère Annette,

Je suis bien arrivé, même si le trajet a été long.

L'appartement est très joli et j'ai une petite chambre pour moi tout seul !

Demain, je découvre le lycée. J'ai un peu peur, mais ça va. Je te raconterai.

J'ai hâte qu'on se revoie.

Éric

Dans l'attente d'un nouveau courrier, elle n'avait pas tardé à lui écrire à son tour, pour lui parler de sa propre rentrée. Évidemment, elle avait passé sous silence ses crises de larmes, son sentiment d'abandon et tous les moments difficiles. Ce qui ne lui laissait pas grand-chose à raconter, en vérité.

Durant les mois qui suivirent, les échanges de lettres continuèrent. Toujours avec un décalage important, ce qui compliquait les conversations, puisque les questions et réponses de chacun découlaient d'informations déjà anciennes. Il ne s'agissait plus vraiment de discussions, mais d'alternances de points de vue. Annette avait l'impression de lire un carnet de voyage, sous forme de bribes éparpillées.

Par procuration, l'adolescente vécut la découverte du lycée – décrit comme vieux, mais bien doté en livres – et celle du quartier où Éric habitait, désormais. Quelques nouveaux noms – Antoine, Rodney, Paul… – firent leur apparition dans les courriers : des camarades de classe qui prenaient peu à peu de l'importance dans le quotidien de son ami. Elle entendit parler de rues et de bâtiments qu'elle pouvait à peine imaginer : en dehors de rares sorties à Jacmel, Annette n'avait jamais mis les pieds dans une grande ville telle que Port-au-Prince. Les descriptions d'Éric, qui mentionnaient sans cesse des lieux différents, lui donnaient le tournis. Il évoquait aussi souvent le travail de sa sœur et de Jonas, dans un milieu composé de gens « notables ».

En échange, elle n'avait pas grand-chose à lui dire. Il connaissait déjà par cœur tout ce que La Vallée avait à offrir. Annette parlait un peu de ses amies d'école, de ce qu'elle apprenait en classe, des récoltes et des voisins proches. Mais tout cela lui paraissait anecdotique et sans intérêt. L'adolescente se mit à trouver sa vie insignifiante, en la comparant à celle d'Éric, et elle commença à s'en excuser.

Cher Éric,

J'ai bien eu ta dernière lettre.

Je suis triste de savoir que tu ne pourras pas revenir pour Noël. D'ailleurs, tu recevras la mienne après, vu que nous sommes déjà le 15 décembre.

Mais je comprends que Jonas soit trop occupé par les élections et qu'il n'ait pas le temps de te ramener ici. Il se passe beaucoup de choses, chez vous, on dirait.

De mon côté, je suis désolée, mais il n'y a pas de nouvelles intéressantes. Il y a juste la vieille madame Lafleur, qui est morte avant-hier. Maman l'a veillée, elle était très malade.

Tu dois trouver mes lettres ennuyeuses, sans doute. Mais je suis contente de savoir que tout va bien pour toi et que tu es très occupé.

Tu me raconteras tes vacances dans la capitale ?

À bientôt,

Annette

L'année 1990 se termina avec un nouveau président élu, Jean-Bertrand Aristide, qui fut officiellement investi en février 1991. La jeune fille entendit les adultes autour d'elle dire que c'était une bonne chose, qu'il allait enfin aider les agriculteurs à sortir de la pauvreté. Jocelyn parla même de « grande victoire », un soir. D'après lui, c'était une page qui se tournait, après trente-quatre ans d'oppression, puis d'instabilité.

Annette était heureuse de voir son père sourire et retrouver un enthousiasme perdu depuis longtemps.

Malheureusement, cet élan devait être stoppé en plein vol par un nouveau coup d'État, quelques mois plus tard. Judith expliquerait alors à l'adolescente que les plus riches Haïtiens et leurs amis américains n'avaient pas envie que le pays redresse la tête et que ses habitants reprennent le contrôle de leur vie. Le président Aristide était trop proche des pauvres.

Durant toute cette période, Annette essaya de se concentrer sur sa scolarité, pour ne pas trop penser à l'absence d'Éric et aux éternels soubresauts politiques qui agitaient Haïti. Elle avait toujours de bonnes notes et recevait constamment des compliments : les sœurs qui géraient son école l'appréciaient et la poussaient à travailler encore plus. Selon elles, l'obtention de son diplôme de fin d'études secondaires ne serait qu'une formalité.

Elle fêta son quinzième anniversaire en toute discrétion. Sans Éric, cette journée n'avait plus rien de spécial. Ils échangèrent de nouvelles lettres à cette occasion, mais Annette sentit que leurs liens se distendaient. Lui aussi se consacrait en priorité à son apprentissage et il se montrait beaucoup plus réservé, comme s'il avait l'esprit ailleurs.

En raison des troubles dans le pays, Judith décida de laisser Éric à Port-au-Prince durant les vacances d'été. Elle préférait qu'il évite les déplacements et qu'il reste à l'abri, dans le quartier calme où habitaient Esther et Jonas.

De plus, ces derniers allaient avoir un bébé. Prendre la route dans ces conditions était inutilement dangereux. Ces deux mois de solitude, sans école pour lui occuper l'esprit, parurent interminables à Annette.

Une autre année scolaire commença et elle fut presque identique à la précédente, mais teintée de plus de violence. Le président Aristide était en exil, les milices intimidaient et assassinaient ses partisans, et une nouvelle dictature militaire faisait trembler la population. Malgré son jeune âge, Annette était consciente des tensions autour d'elle, de la tristesse ambiante et de la colère qui animait certains de ses amis. David, le fils aîné de Judith et Wilbert, venait de fêter ses 20 ans et parlait de rejoindre un groupe de militants très actif dans la région de Jacmel. Ses parents tentaient de l'en dissuader et chacune de leurs discussions finissait souvent en dispute.

Les courriers s'étaient espacés, depuis le printemps. Après la rentrée, la jeune fille en reçut un en octobre, puis un second en février 1992. Elle répondit au premier, mais sans enthousiasme. Elle comprenait peu à peu que la vie d'Éric était ailleurs et qu'il n'avait plus vraiment besoin d'elle. Pourquoi lui imposer cette correspondance qu'il ne continuait d'entretenir que par politesse ? Elle choisit donc de soulager son ami d'enfance de ce poids et ne reprit contact qu'en mai de la même année.

Cher Éric,

Tu devrais recevoir ce courrier pour ton anniversaire, s'il arrive sans retard.

Je n'en reviens pas qu'on fête nos 16 ans !

Je sais que tu ne pourras pas rentrer, cet été.

Tata m'a expliqué que c'était toujours trop compliqué. Je comprends et j'espère que tes vacances seront bien remplies.

Si tu n'as pas le temps de répondre, ce n'est pas grave. Tes parents me donneront de tes nouvelles.

Bon courage au lycée !

Annette

Elle ne reçut pas de lettre en retour. Seulement un post-scriptum en bas d'un courrier adressé à Jocelyn et Dina, qui disait « souhaitez un bon anniversaire à Annette de ma part ». Elle comprit le message implicite contenu dans ces quelques mots : leur correspondance s'interrompit.

Quand décembre 1993 arriva, dix-huit mois plus tard, et alors qu'elle était plongée dans sa dernière année d'études secondaires, la jeune fille ne pensait quasiment plus à Éric. Il faisait partie des souvenirs essentiels de son enfance, bien sûr, mais son image s'était estompée et son nom ne revenait plus que de temps à autre, au détour d'une conversation avec Judith. Depuis son départ, trois ans plus tôt, Annette ne l'avait pas revu.

Dans les deux petites maisons de La Vallée, tout avait beaucoup changé. À tour de rôle, David et Samuel avaient quitté le domicile parental pour se marier et s'installer à quelques kilomètres de là. Ne restaient plus qu'Evens – qui ne tarderait pas à prendre son indépendance – et Rosena, la benjamine des deux familles.

Annette se demandait à quoi ressemblerait son propre avenir, lorsque Jocelyn et Dina lui annoncèrent une bonne nouvelle : elle aussi allait pouvoir découvrir de nouveaux horizons. Enfin.

5 – L'émancipation

Juillet à septembre 1994

Annette vivait un conte de fées. Le papier qu'elle tenait dans la main était le symbole d'une nouvelle étape de sa vie, un véritable sésame qu'elle n'osait ranger nulle part dans la maison, de peur qu'il soit taché ou perdu. Dina souriait largement en regardant sa fille tourner en rond, à la recherche d'une étagère adéquate.

— Tu peux le poser sur la petite table, il ne va pas s'envoler !

— Et si quelqu'un le jette par erreur ?

— Qui ? Ton père et ta sœur sont au courant… Arrête de t'en faire.

La jeune femme laissa fuser un rire enfantin, partagée entre l'excitation et la crainte de voir son rêve lui échapper. Dina ajouta :

— Ce soir, quand les hommes vont revenir, nous discuterons avec Judith et Wilbert. C'est à eux de nous dire comment on va faire, maintenant.

Annette ne tenait plus en place et avait hâte que cette conversation tant espérée ait lieu. C'était le moment qu'elle attendait depuis décembre, quand ses parents lui avaient annoncé qu'un arrangement pour qu'elle s'inscrive à l'université pourrait être trouvé, si elle obtenait son diplôme d'études secondaires avec d'excellentes notes. Ce qu'elle avait fait, bien sûr. Les sœurs de l'école ne s'étaient pas trompées, en lui prédisant des résultats brillants : Annette avait réussi dans toutes les matières et une mention spéciale ornait son précieux document. Elle avait rempli sa part du marché et l'étape suivante dépendait maintenant des adultes.

Elle connaissait déjà les grandes lignes du plan prévu par ses parents. Ils avaient soigneusement économisé pendant plusieurs années, afin de pouvoir financer l'université pour leurs deux filles. Samuel, lui, avait choisi une autre voie, heureusement peu onéreuse. La scolarisation elle-même était gratuite, dans l'établissement d'État qui intéressait Annette, mais il fallait compter l'habillement, les manuels et tous les frais d'hébergement à Port-au-Prince. Si Jocelyn et Dina voulaient se montrer équitables et ne pas priver Rosena de sa future chance, ils devaient trouver un moyen de réduire les coûts. Et c'était là que Judith et Wilbert intervenaient.

Leurs amis avaient pris l'initiative de parler de la situation à Esther et Éric, qui habitait toujours chez sa sœur, mais allait pouvoir déménager en octobre pour loger à l'internat de son université. Esther acceptait d'attribuer la chambre qu'il allait libérer à Annette, au moins pour quelques mois. Une seule incertitude subsistait, pour le moment : Éric avait-il également obtenu son diplôme ? Car c'était une condition essentielle, évidemment. Deux heures plus tôt, Judith était partie au tribunal de Ridoré pour essayer d'avoir son fils au téléphone et connaître le verdict. Elle n'était toujours pas rentrée. La file d'attente était souvent longue, dans les établissements publics qui permettaient aux plus modestes de La Vallée d'appeler la capitale.

De plus, il fallait que les deux jeunes gens soient sélectionnés, à l'issue de leur concours d'admission, en octobre. En cas d'échec pour l'un ou l'autre, toute cette organisation serait à revoir. Mais Annette refusait d'envisager un tel scénario. Elle réussirait, cette fois encore. Et Éric également, elle n'en doutait pas. La question se poserait plus tard, de toute façon. Aujourd'hui, seuls les résultats de l'examen avaient de l'importance. Et aussi, bien sûr, la conversation que la jeune fille attendait en comptant les heures, sans pouvoir dissimuler son enthousiasme.

Lorsque Judith revint de Ridoré, en fin d'après-midi, un large sourire barrait son visage. Annette, occupée à nourrir les poules, n'eut pas besoin de l'interroger pour savoir qu'Éric venait de lui annoncer une bonne nouvelle. Sa « tante » confirma tout de suite cette intuition :

— J'ai réussi à lui parler ! Lui aussi, il l'a eu !

Ce fut une soirée de fête, où tout le monde s'autorisa un verre de rhum, y compris Dina, qui n'en buvait que très rarement.

Annette, les yeux brillants, écouta les adultes se répandre en félicitations réciproques, en manifestations de fierté et en remerciements à Dieu, qui avait « couvert ces enfants de bienfaits ». Une nouvelle page allait s'écrire, pour les deux familles.

Judith et Wilbert avaient déjà connu un moment semblable, sept ans plus tôt, quand Esther avait obtenu son propre diplôme. Mais aujourd'hui, il s'agissait de perspectives un peu plus prestigieuses : leur benjamin allait suivre un cursus en médecine. Leur fille avait su se faire une bonne place dans la société, mais Éric allait pouvoir sauver des vies, ce qui allait lui conférer un statut encore plus spécial. Il était considéré par ses professeurs comme « brillant » et Judith ne manqua pas une occasion de le rappeler, en insistant plusieurs fois sur le mot.

Puis Dina intervint dans la conversation, alors qu'Annette se demandait quand on commencerait à parler de sa propre situation :

— Et comment ça va se passer, alors, pour nous ? Esther et Jonas n'ont pas changé d'avis ?

C'était la plus grande crainte de la jeune fille et elle retint son souffle pendant une seconde. Judith la rassura immédiatement :

— Non, ils sont toujours d'accord. Si les enfants réussissent leur concours, Éric ira vivre à l'internat de l'université et Annette pourra prendre sa chambre. C'est un bon arrangement, tout le monde sera gagnant. Et quand elle arrivera à Port-au-Prince, c'est une collègue d'Esther qui l'hébergera, en attendant l'examen. Une amie sûre.

— Et pour l'inscription ?

— Esther va accompagner Éric pour faire les papiers, à la fin du mois d'août. Elle propose de s'occuper de ceux d'Annette, si nous lui envoyons tout le nécessaire par courrier. Ça fera un déplacement de moins pour la petite. Mais nous ne devons pas tarder.

Dès le lendemain matin, Judith, Dina et sa fille montaient dans un car régional pour se rendre à Jacmel. Les démarches ne pouvaient pas se faire à La Vallée, car il fallait remettre une somme d'argent à la banque pour valider la préadmission au concours.

En échange de ce dépôt, le guichetier leur donna un certificat qui alla rejoindre les formulaires dans l'enveloppe qu'Annette serrait contre sa poitrine.

Les trois femmes se rendirent également à la mairie pour se procurer les deux photos nécessaires à la constitution du dossier, faire des photocopies et obtenir un acte de naissance.

Judith se chargea de la plupart des démarches, au grand soulagement de ses voisines. Sa « nièce » était majeure depuis un mois, mais peu sûre d'elle devant les questions administratives de ses interlocuteurs. Quant à Dina, elle restait aussi discrète que d'habitude, observant silencieusement son amie qui prenait les choses en main.

Quand l'enveloppe fut confiée au bureau de poste, à destination d'Esther, Annette sentit son ventre se serrer soudainement.

Et si elle était en train de se tromper ? Et si elle échouait au concours ? Les gourdes dépensées par ses parents pour l'inscrire seraient alors perdues. Ils avaient fait tellement de sacrifices financiers que le poids de cette responsabilité l'effrayait, à présent.

Dina dut percevoir l'angoisse de sa fille, car elle lui prit la main en disant :

— C'est fait, maintenant. La suite appartient à Dieu.

Annette n'osa pas la contredire, malgré son désaccord. Dieu ne remplirait pas les pages à sa place, lors des épreuves. Si elle n'était pas retenue, ce serait sa faute à elle.

Judith, qui donnait souvent l'impression de lire dans les pensées de son entourage, ajouta :

— Et tu as plus de deux mois pour te préparer. Tu vas y arriver.

Leur retour à La Vallée se fit presque en silence – du moins autant que le vieux bus bruyant le permettait –, chacune des trois femmes restant plongée dans ses réflexions.

Trois semaines plus tard, un courrier d'Esther confirma la bonne réception des documents. Elle procéderait à l'inscription dès l'ouverture des candidatures, comme prévu.

Pendant tout l'été, Annette travailla d'arrache-pied pour la préparation de son concours. Jusqu'au bout, elle avait longuement hésité entre deux cursus possibles. Entre les langues et les sciences, son cœur balançait. Mais les secondes avaient fini par l'emporter. Si Éric voulait devenir médecin, elle s'intéressait à la pharmacie.

C'était un bon métier qui serait aussi très utile. Il n'y avait pas assez d'officines agréées par l'État. Trop d'Haïtiens se fournissaient en médicaments chez des vendeurs ambulants qui commercialisaient des produits de piètre qualité, souvent issus de la contrefaçon ou de la contrebande en provenance de l'étranger. Annette s'était renseignée auprès des sœurs de son école, durant les mois précédents, et elle savait que beaucoup de gens mouraient, chaque année, pour avoir avalé un comprimé illicite à la composition douteuse. Devenir pharmacienne lui permettrait, à elle aussi, d'aider son pays.

Septembre arriva très vite. Trop ? La jeune femme ne se sentait pas prête, elle aurait aimé avoir plus de temps. Quarante places ouvertes. Pas une de plus, c'était le quota fixé par l'université. Et si elle finissait quarante et unième du concours ? Elle ne le supporterait pas…

Une nouvelle fois, la fille aînée de Judith et son mari firent le déplacement, pour éviter à Annette de se retrouver seule dans un moyen de transport collectif.

Ils allaient l'amener chez Nicole, la collègue d'Esther qui allait l'héberger dans la capitale, les premiers temps. Dina remercia le couple à de multiples reprises pour leur aide et leur remit une petite enveloppe qui contenait de quoi couvrir les premiers frais, jusqu'aux résultats du concours. D'autres sommes suivraient, en cas de réussite.

En voyant l'argent changer de main, Annette prit la mesure de sa grande responsabilité, une fois de plus. Elle ne décevrait pas ses parents. Elle n'en avait tout simplement pas le droit.

Dans une impression générale de confusion et de déjà-vu, au milieu des sourires, des larmes, des recommandations et des encouragements, elle plaça sa valise dans le coffre de la voiture, comme elle l'avait fait pour Éric, quatre ans plus tôt. Mais cette fois, c'était son tour de partir à la rencontre de son destin.

6 – Les retrouvailles

Septembre et octobre 1994

Le voyage se déroulait sans encombre, bien que la route fût mauvaise, pleine d'ornières et de débris végétaux. Un peu secouée sur la banquette arrière, Annette profitait néanmoins du paysage, tout en se posant mille questions.

Est-ce que Nicole, la femme qui allait temporairement veiller sur elle, allait l'apprécier ? Est-ce que la vie en ville ne serait pas trop oppressante ? Le concours serait-il très difficile ? Avait-elle assez révisé toutes les matières sur lesquelles on allait l'interroger ? Que ferait-elle, si elle ne s'adaptait pas bien ? Et si personne ne l'aimait ? Elle se considérait comme une petite paysanne, pas très bien habillée et un peu arriérée…

Plus d'une fois, Esther se tourna vers elle pour lui adresser un sourire encourageant. Elle n'avait pas besoin de mots pour lui faire passer le message « ça va aller ». Elle s'y connaissait certainement. Après tout, elle aussi avait quitté La Vallée pour partir à Port-au-Prince. Elle était à peine plus âgée, alors. Tout juste 20 ans. Et elle avait également pu voir Éric s'adapter à sa nouvelle existence. S'il s'en était sorti, il n'y avait aucune raison pour qu'Annette n'y parvienne pas.

C'est en tout cas ce qu'elle essayait de se répéter en boucle, pour reprendre un peu de courage.

Penser à Éric la ramena loin en arrière, à l'époque où ils partageaient tout. C'était une période simple, où elle n'avait pas besoin de se poser autant de questions. Depuis, tout avait changé. Qu'était-il devenu ? Les seules nouvelles qu'elle avait reçues récemment, grâce à Judith, laissaient entendre qu'il se portait bien, qu'il appréciait la ville et qu'il s'était fait beaucoup d'amis. Pensait-il encore à elle, de temps en temps ? Peut-être le croiserait-elle, au moment du concours… Annette n'avait pas bien compris les aspects pratiques de l'examen, en dehors des matières qui lui seraient imposées, et ne savait pas comment se dérouleraient les épreuves.

Elle finit par somnoler, bercée par les cahots du véhicule et absorbée dans des réflexions rêveuses. Une petite centaine de kilomètres séparait Port-au-Prince de La Vallée, par la route, mais le trajet dura presque trois heures, en raison de nombreux ralentissements. Quand le moteur s'arrêta, la jeune fille sursauta, privée du ronronnement qui la maintenait assoupie. D'après l'ensoleillement, elle comprit que c'était la fin de l'après-midi.

La voiture était garée dans une rue calme, où une multitude d'habitations se succédaient, dans des jardins bien entretenus. Annette apprendrait pendant la soirée qu'elle se trouvait dans le quartier de Turgeau, une zone résidentielle prisée par la classe moyenne. Mais au moment où elle mit pied sur le trottoir, elle eut l'impression qu'elle venait littéralement de changer de monde. Elle était habituée à la cour régulièrement boueuse de la maison de son enfance, à des murs pas toujours très droits, à des toitures en tôle et à un manque de place permanent. La bâtisse qui s'élevait devant elle, au bout d'une allée entourée de fleurs, lui parut immense et luxueuse.

Esther lui sourit :

— Moi aussi, ça m'a fait la même chose, la première fois.

— Toutes les habitations sont grandes comme ça, ici ?

— Oh non, il y a des quartiers où tout le monde s'entasse. Mais tu n'as pas de raisons de t'y promener, donc tu verras surtout des rues comme celle-ci, en restant dans cette partie de la ville.

Annette hocha la tête, impressionnée, et suivit Jonas qui ouvrait un portillon en fer forgé, à droite du large portail principal. Il lui tendit sa petite valise, qu'elle attrapa d'une main mal assurée. Lui aussi lui adressa un sourire, tandis qu'Esther avançait vers l'escalier d'entrée.

— On appelle ça une maison « Gingerbread ». Il y en a quelques-unes dans le quartier.

— « Gingerbread » ?

— C'est un style inspiré des vieilles demeures balnéaires françaises du XIXe siècle. Et un peu de celui de l'époque victorienne. Mais avec plus de couleurs, dans l'esprit haïtien.

Annette ne savait pas qu'il y avait un esprit haïtien en matière d'architecture. Ni à quoi ressemblait l'époque victorienne. C'était un domaine qu'elle ne connaissait pas du tout. Elle se contenta d'écarquiller les yeux et de murmurer :

— C'est impressionnant…

Le bâtiment était construit sur deux étages hauts sous plafond, avec de grandes portes et d'immenses fenêtres obturées par des persiennes. Le bois était prédominant, bien que les murs soient maçonnés et recouverts d'un enduit jaune flamboyant.

L'escalier principal, en pierre, encadré par deux garde-corps joliment sculptés, donnait sur une terrasse qui s'étendait sur toute la largeur de la maison. Elle semblait même en faire le tour, mais de l'allée, Annette ne pouvait en être sûre.

À l'étage, les pièces surplombées de toits pentus ouvraient sur un balcon délimité par de belles balustrades et surmonté d'arches qui trouaient les parois extérieures. Au-dessus de la zone centrale s'élevait une tourelle pointue qui paraissait surveiller l'ensemble. Partout, des palmiers, des orangers et des citronniers en pot, et des fleurs très colorées dont Annette ne connaissait pas le nom. Tout respirait l'opulence et tout était magnifique, mais la jeune fille n'avait d'yeux que pour la petite tour effilée. Elle n'avait jamais vu de maison construite de cette manière.

Une voix nouvelle la sortit de son émerveillement :

— C'est pour rediriger l'air chaud vers le haut, au-dessus des chambres. En plein été, c'est très appréciable…

La femme qui venait d'ouvrir la porte d'entrée montrait l'étage de la main. Souriante et avenante, elle plut tout de suite à Annette.

Esther fit les présentations :

— Nicole Joachim, Annette Salomon.

Grande et mince, Nicole était coiffée de multiples tresses ornées de perles blanches et habillée avec soin. Annette lui donnait quelques années de plus qu'Esther, environ 30 ans.

Il émanait d'elle une impression de sophistication que la jeune fille n'avait encore jamais ressentie devant personne. Judith et Dina étaient plutôt jolies, mais elles étaient vêtues pauvrement et marquées par une vie de labeur. Nicole, elle, était exactement le type de femme à qui Annette espérait ressembler un jour. Élégante et manifestement maîtresse de son existence.

L'heure qui suivit fut consacrée à la visite de la maison – aussi belle dedans que dehors –, à la découverte de la petite chambre qu'Annette allait occuper pendant quelque temps, à la dégustation d'un jus de mangue frais et à la prise de congé de Jonas et Esther.

Au moment de partir, celle-ci saisit la main de sa protégée :

— Ce n'est pas pour longtemps, tu le sais. Une fois que vous aurez réussi le concours, tout ira très vite et tu pourras nous rejoindre.

— Tu dis ça comme si c'était sûr qu'on y arrive.

— Je n'ai aucun doute. Toi et Éric, vous êtes nés bénis par Dieu.

— C'est surtout que nous avons beaucoup travaillé…

Esther se mit à rire :

— Oui, ça aussi ! D'ici là, continue de réviser. Tu as bien apporté tes livres, au moins ?

Elle faisait référence aux quelques vieux manuels offerts à Annette par les sœurs de l'école de Ridoré, le jour de l'obtention de son diplôme. Des ouvrages de science, majoritairement.

— Oui, bien sûr. J'ai plus de livres que de vêtements !

Ce qui sous-entendait que sa valise ne contenait pas beaucoup d'habits.

Annette s'en voulut pour cette remarque. Sa mère avait fait son maximum, en l'aidant à préparer ses affaires. Ce n'était vraiment pas le moment de faire preuve d'ingratitude.

Elle ajouta immédiatement, pour faire diversion :

— J'ai encore une semaine pour travailler. C'est bien ça ?

— Huit jours, exactement. Le concours commence le lundi 3 octobre. N'oublie pas, il est organisé sur deux journées complètes.

— Oui, j'ai bien compris.

Jonas attendait sur la terrasse, en discutant avec Nicole. Annette en profita pour saisir la main de celle qui avait longtemps été une grande sœur et même une mère de substitution, parfois.

— Merci pour tout ce que vous faites. Toi, Jonas, tes parents…

— Tu nous remercieras en réussissant ce concours.

— Je vais faire tout mon possible, je te le promets.

Quand ils furent partis, Annette aida à préparer le repas du soir. Du poulet citronné et du riz *djon-djon*, du nom des champignons noirs qui l'accommodaient. Pour le dessert, elles dégustèrent du blanc-manger, que Nicole avait déjà confectionné le matin. Il était bien aromatisé en lait de coco, ce qui arracha quelques soupirs de contentement à la jeune fille. Elle adorait ça.

Durant le dîner, son hôtesse répondit gentiment à la plupart de ses questions, y compris les plus maladroites.

Oui, elle travaillait dans le même service administratif qu'Esther, mais avec un emploi un peu différent. Oui, celle-ci habitait à proximité, à dix minutes de marche environ. Non, elle n'était pas « très riche », elle avait juste eu la chance de recevoir la maison de ses grands-parents en héritage, trois ans plus tôt. Oui, elle emmènerait Annette visiter les quartiers alentour et voir l'université avant le grand jour. Non, ça ne la dérangeait pas de l'héberger, elle était même heureuse d'avoir un peu de compagnie.

Oui, elle fréquentait un homme, mais ne s'était jamais sentie prête pour le mariage, jusque-là, et n'était pas encore sûre d'avoir trouvé « le bon ».

Pendant plus de deux heures, elle se plia de bonne grâce à cet interrogatoire décousu, jusqu'au premier bâillement d'Annette.

— Je crois qu'il est temps d'aller au lit ! Demain, c'est dimanche et nous irons à la messe. Comme ça, tu verras un peu le quartier.

La jeune fille ne se fit pas prier, elle se sentait épuisée.

La chambre qui lui avait été attribuée était bien rangée et très confortable, à l'image du reste de la maison. Annette passa une excellente nuit, blottie sous des draps blancs et frais qui sentaient bon la cannelle. Entre deux rêves, une pensée confuse revenait sans cesse : *j'ai beaucoup de chance…*

Le matin suivant, Nicole lui fit découvrir l'église du Sacré-Cœur, dont la paroisse de Turgeau dépendait. Elle lui expliqua qu'à Port-au-Prince, chaque quartier disposait de son lieu de culte, d'où un très grand nombre de communautés parallèles. Annette était impressionnée, encore une fois. Ici, tout était plus vaste et les possibilités étaient multiples. Pas comme chez elle.

Elle consacra la semaine à ses révisions, reprenant une dernière fois chaque matière et imaginant toutes les questions difficiles qui pourraient la piéger. Elle prépara soigneusement ses affaires et alla avec Nicole faire quelques courses indispensables, dont des stylos neufs.

Quand le lundi 3 octobre arriva et que sa nouvelle amie la déposa devant l'université, Annette avait le ventre noué, mais elle se sentait aussi prête qu'elle pouvait l'être.

Si elle échouait au concours, ce serait seulement parce que les autres candidats avaient été meilleurs qu'elle.

Elle suivit les panneaux d'orientation, trouva la salle où elle était inscrite – celle des noms de famille allant de R à Z – et patienta devant la porte fermée, tandis que des dizaines de personnes arpentaient les couloirs autour d'elle. Tant de gens et juste quarante places…

Cinq minutes avant que l'accès leur soit donné, une voix interrompit ses pensées :

— Annette !

Son cœur rata un battement. Elle chercha des yeux celui qui venait de l'appeler et le repéra à quelques mètres d'elle, devant une autre salle.

— Éric ?

Il avait tellement changé qu'elle hésita en prononçant son nom. Grand, habillé de façon sobre, mais élégante, il portait désormais de petites lunettes qui le vieillissaient un peu et son intonation était bien plus grave. Mais son sourire était toujours le même : franc et lumineux. Elle se précipita vers lui.

— Mais tu passes aussi ce concours ?

— Oui, médecine et pharmacie sont rattachées. Tu ne le savais pas ? Ils séparent juste les listes de résultats. Quarante places pour toi et cent pour moi. Il y en a également vingt-cinq pour la technologie médicale. Mais on passe tous des épreuves identiques.

Annette se rendit compte qu'elle n'avait même pas pris de ses nouvelles. Il devait se demander pourquoi elle n'avait pas fait en sorte de le rencontrer, depuis son arrivée à Port-au-Prince, neuf jours plus tôt. C'était le choix d'Esther, qui avait refusé toute forme de distraction pour l'un comme pour l'autre, tant que le concours ne serait pas passé, mais quand même…

Alors qu'elle allait lui poser la question, elle entendit l'appel derrière elle :

— Il est l'heure ! Préparez-vous à rejoindre vos places !

Elle toucha le bras d'Éric et se dépêcha de lui dire :

— On se voit après, à la pause de midi ?

— Oui, bien sûr ! Bonne chance !

Ils se quittèrent vite, conscients que leurs retrouvailles étaient bien insuffisantes, après quatre ans de séparation.

Quand Annette fut assise à sa table, attendant que sa copie lui soit attribuée et triturant nerveusement son stylo, elle réussit à repousser Éric dans un coin de son esprit. En cet instant, rien d'autre ne comptait que le concours. Son ami resterait à distance, pour quelques heures de plus. Des heures qui pouvaient changer leur vie.

7 – Le concours

Octobre et novembre 1994

La première épreuve du lundi portait sur un sujet d'anatomie, d'une durée de deux heures.

Annette appréciait particulièrement cette matière, qu'elle avait révisée avec un soin spécifique, en dessinant encore et encore les mêmes sections du corps. Commencer par un domaine qui lui plaisait était un excellent moteur pour la suite : la jeune fille se sentit immédiatement en confiance et capable d'obtenir de très bonnes notes.

Appliquée, elle remplit une succession de schémas et répondit à trente questions à choix multiples. Ses pensées étaient fluides, bien structurées, et elle n'hésita que pour un organe, dont elle avait oublié l'emplacement précis. En se concentrant bien, et par déduction, elle finit par compléter le dernier croquis. Elle avait plus de quinze minutes d'avance et dut patienter jusqu'à la sonnerie de 10 heures.

Sans aucune pause, les deux examinateurs présents dans la salle distribuèrent le second sujet du matin : un devoir de français. Chaque candidat devait expliquer les raisons qui justifiaient sa décision d'orientation, parler de son parcours scolaire et se projeter dans ses futures études, s'il devait être sélectionné. C'était une épreuve conçue pour mesurer les facultés d'expression, la personnalité et la motivation des inscrits.

Annette appliqua les consignes que les sœurs de Ridoré lui avaient serinées pendant des années : toujours faire un plan et bien organiser ses idées. Elle prépara son devoir en six sous-parties qui allaient répondre aux trois questions principales qu'on lui posait. Puis elle rédigea presque cinq pages d'une traite, en prenant soin de garder une écriture lisible et propre. Là aussi, les enseignements de son ancienne école catholique lui furent d'un grand secours. Ses institutrices lui avaient fait copier des milliers de lignes, au fil des années. Aujourd'hui, elle les en remerciait.

Là encore, elle termina avec un peu d'avance, après une relecture attentive et quelques corrections. Annette était satisfaite de sa composition, même si elle avait dû limiter ses arguments, pour tenir compte du temps un peu court.

À midi, tous les candidats quittèrent les salles d'examen pour se rendre au réfectoire de la Faculté, dans un bâtiment qui portait la désignation « Maison des étudiants ». L'endroit était immense, par rapport à la seule école qu'Annette avait jamais connue. Mais tout était bien indiqué et elle suivit le mouvement général, sans trop se poser de questions.

— Annette !

Mince, Éric ! Perdue dans ses réflexions, elle en avait oublié qu'ils devaient se retrouver pour manger ensemble. Toujours aussi souriant, il la rejoignit en jouant des coudes pour se frayer un passage au milieu des autres candidats.

— Alors, ça va ? Tu es contente de ce que tu as fait ?

— Plutôt, oui ! Je pensais que ce serait plus dur…

— Attends le reste, je crois qu'on a commencé par le plus facile. Mes professeurs du lycée m'ont dit qu'il fallait se méfier de l'épreuve de biologie. La physique risque d'être compliquée, aussi. Enfin, on verra… Il y a encore quatre matières.

Cette affirmation doucha l'enthousiasme d'Annette. Et si elle n'était pas à la hauteur, dans les autres domaines ? Éric lui adressa un clin d'œil :

— Mais je suis sûr que tu vas prendre beaucoup de points en physiologie. C'est là que tu es la plus forte.

— On verra bien…

Le repas se déroula tranquillement et les deux amis d'enfance en profitèrent pour refaire le monde, parler de leur famille, comparer leurs dernières années de secondaire. D'après ce qu'Annette retint des explications d'Éric, celui-ci était bien plus prêt qu'elle à supporter le rythme intense de l'université : son lycée l'avait préparé à des horaires plus contraignants et à des examens réguliers. Elle n'avait jamais douté de l'intelligence ou de la stratégie de Judith et Wilbert, mais elle comprenait mieux, à présent, pourquoi ils avaient autant sacrifié, afin de scolariser leur fils à Port-au-Prince.

Un peu avant 14 heures, tous les candidats furent rappelés à leurs salles respectives. Les examens reprenaient. Annette et Éric se séparèrent une nouvelle fois, en se souhaitant bonne chance.

Pour l'après-midi, une seule épreuve était prévue : le sujet de biologie générale. Quelques questions concernaient les végétaux et animaux, mais la plus grande partie portait sur l'étude des phénomènes vitaux relatifs aux humains. Schémas, définitions et commentaires d'images ou de textes se succédèrent.

Annette fut satisfaite de sa prestation, malgré quelques incertitudes et réponses parcellaires. Si elle continuait comme ça, durant les examens du mardi, elle avait toutes ses chances, elle en était sûre. Elle quitta la salle à 18 heures, avec la sensation du devoir accompli. Du moins pour cette première journée.

Elle salua Éric en lui expliquant que Nicole l'attendait en voiture et qu'ils reprendraient leur conversation le lendemain. Il l'accompagna jusqu'au trottoir, dit bonjour à la collègue de sa sœur, qu'il connaissait un peu, et s'éloigna d'un pas pressé. Annette s'assit sur le siège passager en poussant un gros soupir.

— Dure journée, n'est-ce pas ?

— Oui, c'était intense !

— Les épreuves… ou revoir Éric ?

Elle ne s'attendait pas à cette question et la jeune fille s'interrogea : qu'est-ce qui avait été le plus étrange, en définitive ? Se retrouver au milieu de centaines de candidats dans un bâtiment immense ou renouer le contact avec son ami d'enfance, comme s'ils ne s'étaient jamais quittés ? Elle n'était pas sûre de la réponse.

Ce soir-là, elle se coucha tôt, s'excusant auprès de Nicole dès la fin du repas. Elle était épuisée et voulait donner le meilleur d'elle-même dans les trois matières qu'il lui resterait à affronter, le lendemain.

Le mardi matin, elle utilisa chaque minute des quatre heures consacrées au devoir de physiologie. Digestion, respiration, fonctions cérébrales… La plupart des grands thèmes qu'elle avait révisés furent abordés. Éric avait raison, c'était une de ses disciplines favorites, elle s'y sentait très à l'aise.

Peut-être aurait-elle dû opter pour une inscription en médecine plutôt qu'en pharmacie, finalement ? Cette interrogation malicieuse n'était que rhétorique, car non, elle ne regrettait pas son choix. Son pays avait aussi besoin de bons pharmaciens.

Après la pause de midi, semblable à celle du lundi, elle se lança à l'assaut du sujet qu'elle craignait le plus : la physique. Elle avait manqué d'ouvrages de référence pour bien réviser cette matière et connaissait ses lacunes. Elle fit son maximum, en développant les notions qu'elle maîtrisait et en évitant de perdre du temps avec les autres.

L'après-midi se termina avec la dernière épreuve, celle de chimie. Annette ne rencontra pas de difficulté particulière et répondit à toutes les questions. Quand elle quitta la salle, sa première pensée fut que les dés étaient jetés. Elle avait bien travaillé et n'avait rien à se reprocher. La suite ne lui appartenait plus.

La soirée se déroula chez Esther et Jonas, ceux-ci ayant organisé un petit repas pour célébrer la fin du concours. Nicole était de la partie, bien sûr, et l'ambiance fut festive. Ne restait plus qu'à patienter deux bonnes semaines, pour connaître les résultats. Les heureux élus commenceraient les cours début novembre. Annette savait déjà qu'elle ne tiendrait pas en place, durant cette phase d'attente, et elle demanda à Éric s'il accepterait de lui faire découvrir la ville, pour passer les journées. Bien sûr, il accueillit cette proposition avec enthousiasme.

Une nouvelle routine s'installa : chaque matin, il venait la chercher chez Nicole. La jeune fille put ainsi visiter la plupart des lieux incontournables de la capitale.

La cathédrale Notre-Dame-de-L'Assomption, d'abord, dont Dina avait souvent parlé à ses enfants, pour en vanter la beauté. Le Champ de Mars, grand parc public proche du Palais National, où tant de discours officiels avaient été prononcés, au fil des décennies ; Annette put y observer les statues des pères fondateurs du pays, dont celles de Toussaint Louverture et Jean-Jacques Dessalines, et explorer le Musée du Panthéon national haïtien. Elle entra dans plusieurs églises – leur nombre donnait le tournis –, se promena près du port et aperçut de multiples bâtiments administratifs. La quantité de vendeurs ambulants, présents à chaque coin de rue, était incroyablement élevée.

Éric l'amena partout où il jugeait que leur sécurité n'était pas menacée : il expliqua à Annette que certaines zones n'étaient pas sûres et qu'il fallait les éviter. Les trajets se faisaient dans de petits *tap-taps*, des espèces de taxis collectifs reconnaissables à leurs décorations peintes sur la carrosserie… et au mauvais état de leur suspension. Être secoué faisait partie de l'expérience et Annette acceptait le désagrément avec bonne humeur.

Pendant cette parenthèse très agréable, la réalité les rattrapa brutalement.

Le 15 octobre, le président Aristide, en exil depuis trois ans, revint enfin à Haïti, avec le soutien des forces armées américaines. Les États-Unis, en échange de sa promesse d'appliquer une politique néo-libérale qui allait les favoriser, avaient tardivement décidé de supporter la mise en œuvre de la démocratie dans le pays et de contribuer au départ de la junte militaire qui s'était emparée du pouvoir en 1991. Ce retour créait bon nombre de remous dans la capitale.

La semaine suivante, Éric et Annette purent enfin connaître les résultats du concours. Fébrilement, chacun chercha son nom dans les listes affichées, où les candidats étaient classés par moyenne et place obtenues, respectivement dans chaque filière. La jeune fille poussa un petit cri de joie en découvrant qu'elle terminait treizième, pour le cursus de pharmacie. Son ami était trente-huitième parmi les postulants pour la médecine. Et ils avaient tous deux quelques points d'écart seulement, si l'on comparait leur note finale.

— Tu vois, Annette, toi aussi tu aurais pu t'inscrire en médecine, tu finis même juste devant moi !

— Je n'en reviens pas, c'est formidable !

Leur travail avait payé et ils s'étreignirent avec force, encore à peine conscients de ce que signifiait cette double victoire.

Le soir, ils fêtèrent une nouvelle fois la fin des épreuves, avec leurs proches, en s'autorisant enfin à souffler de soulagement. Annette ne parvenait pas vraiment à croire qu'elle allait rester à Port-au-Prince au moins quatre ans et vivre une existence d'étudiante à part entière. Elle avait presque l'impression d'avoir emprunté l'identité de quelqu'un d'autre.

Quand tous deux réussirent à contacter leurs parents, qui attendaient impatiemment de connaître le verdict, ce fut aussi une explosion de bonheur du côté de La Vallée. Judith et Dina, au téléphone, les félicitèrent, puis remercièrent Dieu et sa bienveillance à plusieurs reprises, ce qui fit beaucoup sourire Annette. Elle pensait toujours que le mérite revenait avant tout à son travail acharné et à celui d'Éric, mais elle n'osa pas contester cette affirmation. Après tout, Dieu s'exprimait peut-être effectivement à travers eux.

8 – Naissance d'une histoire d'amour

Tout alla très vite, ensuite. Comme prévu, Éric obtint un logement en internat, dans le bâtiment réservé aux étudiants en première année de médecine, et s'y installa, en laissant à Annette la chambre qu'il occupait chez Esther. La jeune fille était un peu triste de quitter Nicole et sa maison atypique, dans laquelle elle se sentait si bien, mais elle déménagea à son tour, ce qui fut rapide : elle ne possédait pas grand-chose et refaire sa valise ne lui prit que quelques minutes. Elle remercia chaleureusement sa bienfaitrice pour son accueil et lui promit de la revoir très vite, pour lui donner de ses nouvelles.

La rentrée eut lieu début novembre. Les autres promotions étaient de retour en classe depuis quinze jours, mais les étudiants fraîchement reçus suivaient un protocole d'intégration particulier, pour qu'ils se familiarisent avec l'université.

Annette découvrit un planning serré, qui n'avait rien de comparable avec celui de son école à Ridoré. Elle avait en moyenne six heures de cours quotidiens, du lundi au samedi, et beaucoup de travail personnel à effectuer, tout au long de l'année. Celui d'Éric était encore plus rempli et certaines de ses journées commençaient même à 7 heures. L'un comme l'autre allait connaître une année dense et probablement éreintante, mais ils se motivèrent l'un l'autre en se promettant de s'entraider.

Ils partageaient d'ailleurs plusieurs cours – parmi lesquelles la chimie générale, les mathématiques, la sociologie, le français, la santé environnementale et la biologie – et comptaient tirer le meilleur parti possible des révisions en commun. À partir de la seconde année, leurs classes divergeraient nettement plus, mais pour le moment, ils allaient pouvoir unir leurs forces. Et l'échec n'était pas permis, puisque l'université interdisait le redoublement de la première année.

Leurs bonnes résolutions furent temporairement ébranlées après seulement une semaine, quand l'ouragan Gordon frappa toute l'île d'Hispaniola, le 12 novembre, après s'être formé au sud-ouest des Caraïbes, quatre jours plus tôt. À l'origine tempête tropicale de fin de saison, il changea plusieurs fois de forme, de trajectoire et d'intensité, prenant par moments les caractéristiques d'un cyclone. Même après son déplacement en direction des États-Unis, il laissa derrière lui des pluies torrentielles qui se déversèrent sur une grande partie du pays : en moins de vingt-quatre heures, Port-au-Prince reçut plus de vingt centimètres d'eau, qui rendirent au moins vingt mille logements inhabitables. Annette apprit que c'était encore pire dans la région de Jacmel : près de trente-trois centimètres en moins de douze heures, ce qui causa, entre autres, un arrêt d'approvisionnement en eau potable pour la plupart des résidents.

Les inondations et glissements de terrain étaient multiples partout, la déforestation quasi totale d'Haïti, durant les décennies précédentes, ayant transformé les zones montagneuses en véritables toboggans boueux. La route reliant Port-au-Prince à Jacmel était noyée et trois ponts, complètement détruits. La situation était plus que préoccupante, pour Annette et Éric, puisqu'ils ne parvenaient pas à entrer en contact avec leurs proches de La Vallée et ne connaissaient pas l'étendue des dégâts dans la région autour de Jacmel.

Les premiers chiffres officiels, communiqués les jours suivants, étaient catastrophiques : près de cent mille personnes, à travers le pays, se retrouvaient sans domicile, tandis que les morts et disparus se comptaient par centaines. Le 16 novembre, le gouvernement lança des appels à l'aide et la communauté internationale y répondit en fournissant à l'État du matériel de première nécessité, de l'argent et de la main-d'œuvre.

Heureusement, les douze mille soldats américains restés sur le territoire pour soutenir le retour du président Aristide, un mois plus tôt, purent immédiatement porter assistance aux blessés de la capitale et contribuer aux premières réparations.

Il fallut presque deux semaines à Annette pour parvenir à recevoir des nouvelles en provenance de Ridoré. Elle apprit avec un énorme soulagement qu'aucune victime n'était à déplorer dans sa famille ou celle d'Éric.

Par contre, les dégâts avaient été importants pour certaines cultures. Ses parents espéraient obtenir une aide financière de l'État, mais savaient déjà qu'elle ne compenserait pas leurs pertes.

L'année se termina donc dans une ambiance particulière, les deux amis se soutenant doublement pour surmonter leur stress personnel et celui des études.

Ils passaient une grande partie de leur temps ensemble, en classe, à la bibliothèque ou chez Esther, pour leur travail en commun, sauf quand Éric était absent pour suivre ses stages hospitaliers.

Ils ne s'autorisaient que peu de loisirs, conscients des enjeux et du calendrier : les examens semestriels étaient planifiés dès la fin du mois de janvier. Ces épreuves se déroulèrent de façon satisfaisante, pour l'un comme pour l'autre, avec de bonnes notes à la clef.

La seconde moitié de l'année universitaire commença après une semaine de repos qu'Annette et Éric mirent à profit pour réviser toujours plus. Esther et Jonas ne cachaient pas leur fierté devant tant de détermination et les félicitaient régulièrement.

Durant leurs rares moments de pause, les deux jeunes gens se baladaient à proximité du domicile familial, pour se changer les idées. Pendant ces quelques sorties, chacun profitait simplement de la compagnie de l'autre, en essayant d'oublier, pour une heure ou deux, le travail et les devoirs.

Pour la première fois, à l'occasion d'une promenade au Champ de Mars, au tout début du printemps, Annette prit conscience qu'Éric l'observait souvent à la dérobée, détournant vite le regard quand elle se tournait vers lui. Cette manœuvre l'étonna, d'abord, avant de l'intriguer sérieusement, puis de l'agacer.

— Tu as quelque chose à me dire ? J'ai un truc sur le nez ?

— Hein ? Non ! Pourquoi ?

— Tu te comportes bizarrement, aujourd'hui, tu ne trouves pas ?

Éric ouvrit la bouche pour répondre, mais se ravisa.

— Mais dis-moi ce qu'il y a ! J'ai l'impression d'avoir fait une bêtise, mais je n'ai aucune idée de ce que ça peut être. Tu as une mauvaise nouvelle à m'annoncer et tu ne sais pas comment t'y prendre, c'est ça ?

Annette se sentait maintenant vraiment inquiète. Elle craignait que son ami détienne des informations désagréables et qu'il soit en train de la ménager. Un souci familial ? Un problème relatif à l'université ? L'angoisse commençait à monter en elle.

Éric dut en prendre conscience, car il se redressa soudain, comme pour se donner du courage. Il lui montra un banc de la main et la fit s'asseoir.

— Il n'y a rien de grave, au contraire. C'est juste que je ne suis pas doué pour… pour…

— Pour quoi ?

— Pour dire ce que je ressens.

— Mais à quel sujet ?

— Eh bien… Tu t'es rendu compte que nous sommes presque tout le temps ensemble… Et ça m'a ouvert les yeux.

Annette s'inquiéta de nouveau.

— Tu préfères travailler avec un étudiant en médecine ? Tu penses que je vais te ralentir ?

— Quoi ? Mais non, tu n'y es pas du tout !

— Dis-moi ce qu'il y a, alors ! Tu me fais peur !

Éric soupira longuement et passa une main dans ses cheveux courts. Il avait vraiment l'air embarrassé et Annette ne l'avait jamais vu se comporter de cette façon.

— Bon, d'accord, je me lance ! En fait, j'apprécie tous ces moments ensemble. Ça me rappelle… avant, tu vois… Quand on était plus jeunes… Mais en mieux.

— Moi aussi, je suis heureuse. Tout s'est résolu au mieux, finalement.

— Oui, mais c'est plus que ça… Ce que je veux dire, c'est que mes sentiments ont évolué.

— Évolué ?

— Oui. Ils ont grandi, en quelque sorte. Comme nous. Le fait de te voir presque tous les jours depuis cinq mois… En fait, je… Oh, je ne sais pas comment parler de ce genre de chose…

Annette se sentait dépassée par cette conversation étrange. Qu'essayait-il de lui faire comprendre en bafouillant à moitié ? Éric était normalement si posé, si précis dans ses explications. Il la prit par surprise, en ajoutant soudain :

— En fait, je t'aime. Voilà.

Elle ne saisit pas tout de suite la portée de sa déclaration et, peu habituée à le voir exprimer ses sentiments ainsi, répondit d'un ton gêné :

— Ben, moi aussi je t'aime. Tu es comme mon frère depuis presque vingt ans, même si nous nous sommes un peu perdus pendant un temps…

Éric fit la grimace.

— Justement, il est là, le problème. Je ne t'aime pas comme ma sœur.

— Hein ?

— Annette, ne m'oblige pas à en dire plus, tu as très bien compris ce que je veux dire !

— Mais je…

Elle s'interrompit, subitement prise dans un enchevêtrement d'émotions contradictoires. Il profita de son silence pour lui saisir la main et ajouta, d'une voix presque fragile :

— S'il te plaît, ne réponds rien tout de suite. Je sais que c'est compliqué, que tu dois croire que je suis devenu fou. Mais pense à ce que je viens de te dire. Moi, ça fait des semaines que je me pose des questions. Il m'a fallu des mois pour ouvrir les yeux, mais je suis sûr de moi, maintenant. Chaque fois que je te regarde, je le suis encore plus... Je te demande juste d'y réfléchir, quand tu seras seule. Prends tout le temps nécessaire, je ne suis pas pressé...

Elle hocha la tête, incapable de prononcer la moindre parole. Éric, amoureux d'elle ? C'était... fou, oui !

La soirée d'Annette se déroula dans un véritable brouillard. À table, elle ne sut pas quoi répondre à Esther, qui s'étonnait de son silence et de son manque d'appétit. Elle utilisa l'excuse de la fatigue pour vite se réfugier dans sa chambre et pouvoir méditer sur ce qui se passait.

Éric... Qui était-il, pour elle ?

Aussi loin que remontaient ses souvenirs, il avait été là, à ses côtés. Son ami, son confident, son presque frère. Elle ne s'était jamais posé plus de questions que cela, n'avait même jamais envisagé de regarder Éric sous un jour différent. Pourquoi l'aurait-elle fait ? Tous les gens autour d'eux considéraient la nature de leur relation comme évidente et personne n'avait jamais évoqué la moindre ambiguïté.

Cette déclaration venait de remettre en cause tout ce qui paraissait simple et incontestable, depuis si longtemps. C'était comme observer un paysage familier à travers une fenêtre dont la teinte aurait brutalement changé. Les émotions associées devaient être réévaluées, requalifiées. C'était perturbant… voire un peu angoissant. Car cette nouvelle configuration, d'une façon ou d'une autre, allait chambouler tous leurs repères, leur routine, la manière dont ils se comportaient l'un avec l'autre. Annette finit par s'endormir en se disant qu'il aurait été plus simple qu'elle reste dans l'ignorance et que tout continue comme avant.

Le lendemain, à l'université, quand elle comprit qu'elle ne reverrait pas Éric avant le lundi suivant – il commençait de nouveau une semaine de stage hospitalier –, la déception prit le pas sur l'inquiétude de se retrouver en face de lui. Elle passa la journée à ressasser leur discussion, incapable de se concentrer sur ses cours. Elle se sentait… en manque de sa présence. Quand avait-elle éprouvé ce vide au creux du ventre, pour la dernière fois ?

Et soudain, une image lui revint : la voiture d'Esther et Jonas qui s'éloignait dans un chemin poussiéreux, en lui arrachant son compagnon le plus précieux. Ce jour-là, elle avait cru mourir de chagrin, en le regardant partir. Et si, en raison de sa jeunesse, elle n'avait pas su mettre les bons mots sur ce qu'elle ressentait pour lui, déjà à l'époque ? Et si les adultes avaient tous parlé « d'amour fraternel », au lieu d'amour tout court ?

Aujourd'hui, elle était plus âgée et la douleur était bien moins forte, car leur séparation serait de courte durée, mais il s'agissait de la même émotion : la certitude d'être amputée de quelque chose de vital.

Pour y voir plus clair, Annette envisagea la situation sous un angle différent.

Elle visualisa le visage d'Éric, son beau sourire et ses yeux rieurs, et finit par se poser une seule question : si, au lieu de lui confier ses sentiments pour elle, il lui avait appris, tout d'un coup, qu'il était amoureux d'une autre femme, qu'aurait-elle ressenti ? Aurait-elle été heureuse pour lui… ou affreusement triste ?

La réponse s'imposa d'elle-même dans son esprit et dans son cœur. Simple et évidente.

9 – Le mariage

Avril à septembre 1995

Les retrouvailles d'Annette et Éric, une semaine plus tard, se firent dans une ambiance confuse, faite de bonheur et de fébrilité mêlés. Le jeune homme n'osait manifestement pas demander à son amie si elle avait pu réfléchir à sa déclaration, et celle-ci ne savait pas comment aborder la question en plein milieu d'un couloir de l'université.

Finalement, elle prit son courage à deux mains après leur dernier cours commun de la journée.

— Viens, on doit parler. On révisera plus tard.

Dehors, elle lui saisit la main et l'entraîna vers le Champ de Mars. Le trajet prenait quinze minutes à pied. Annette eut l'impression qu'il durait un siècle.

Elle se dirigea immédiatement vers le banc. *Leur* banc. S'asseoir au même endroit que la fois précédente la rassurait.

Le visage inquiet d'Éric lui serra le cœur. Il s'attendait probablement à être rejeté et elle vit tout son corps se crisper, comme s'il essayait de se préparer à recevoir un coup. Annette eut soudain envie de le tranquilliser, de le protéger.

Elle s'approcha de lui et l'étreignit, la tête posée sur son épaule.

Elle avait déjà fait ce geste des centaines de fois, durant leur enfance. Mais aujourd'hui, il prenait une autre signification.

Afin de lever toute ambiguïté, elle murmura :

— La réponse est « moi aussi ».

Il laissa passer quelques secondes avant de déclarer, tout doucement :

— Vraiment ?

— Vraiment.

Ce soir-là, les deux jeunes gens se quittèrent sur un premier baiser tendre et plein de promesses. Le premier d'une longue série.

Lorsque l'année universitaire se termina, Annette et Éric apprirent qu'ils avaient tous deux réussi leurs examens finaux, avec des notes remarquables. Leur passage en seconde année était assorti d'une autre excellente nouvelle : l'attribution d'une bourse pour chacun d'eux, en raison des revenus très faibles de leurs familles. Ces aides n'étaient accordées qu'aux étudiants les plus méritants, avec l'aval du corps professoral et du doyen. L'addition des deux allocations représentait une somme modeste, mais suffisante pour assumer un petit loyer et quelques dépenses du quotidien.

Cette dotation, inespérée, fut donc l'occasion pour Annette de faire une proposition à Éric :

— Nous devrions nous marier et nous installer ensemble, tu ne crois pas ?

Il accueillit cette déclaration comme un cadeau et serra la jeune femme dans ses bras en riant.

— Ce serait merveilleux !

Si l'avenir semblait leur sourire, encore fallait-il qu'ils informent leurs familles de la nouvelle tournure qu'avait prise leur relation. Même Esther et Jonas n'étaient pas au courant, car Annette avait souhaité garder le secret durant quelques mois.

C'était sa manière à elle de profiter de leur amour : dans une espèce de clandestinité qui lui faisait battre le cœur un peu plus vite.

Ils se joignirent donc au couple, qui avait déjà prévu d'effectuer le voyage vers La Vallée durant le premier week-end de juillet, afin d'annoncer en personne à Judith et Wilbert qu'Esther était enceinte d'un second enfant. Ces deux jours seraient l'occasion pour tout le monde de se retrouver, après une année éprouvante.

En arrivant dans le petit chemin qu'elle avait quitté dix mois plus tôt, Annette fut surprise de trouver l'endroit moins grand que dans ses souvenirs. Trop calme, aussi. Port-au-Prince l'avait habituée à des habitations plus imposantes, à une foule permanente et bruyante. L'impression n'était pas désagréable, mais assez déconcertante.

Judith et Dina accueillirent leurs enfants avec force embrassades, en se frottant de temps en temps discrètement les yeux pour masquer leur émotion.

Éric n'avait revu ses parents qu'une fois en cinq ans, quand ils avaient réussi à se rendre à la capitale, durant son avant-dernière année de lycée. À l'exception de cette visite unique, les bonnes circonstances n'avaient jamais été réunies et l'argent avait toujours manqué. Les courriers et les appels téléphoniques avaient été aussi nombreux que possible, mais rien ne remplaçait un sourire ou une étreinte. Annette était bien consciente que se séparer ainsi de leur fils avait été un crève-cœur pour eux, un sacrifice constant.

Le jeune homme n'avait maintenant plus rien d'un adolescent et Wilbert l'observait avec perplexité : il semblait ne plus savoir comment s'adresser à lui ni quoi lui dire.

Les frères d'Éric se comportaient de même, de façon légèrement gauche, comme si leur cadet avait acquis un statut qui leur échappait.

Ce retour était à la fois émouvant et déroutant. Le poids du temps qui s'était envolé et ne reviendrait jamais alourdissait un peu l'atmosphère. Une certaine mélancolie imprégnait les échanges de paroles et les regards. Jocelyn paraissait prématurément vieilli, les traits marqués, et Annette mit cela sur le compte des soucis permanents.

Quand Esther annonça sa grossesse, en précisant « si c'est un garçon, nous l'appellerons Josué », l'ambiance se réchauffa et les deux familles fêtèrent cette excellente nouvelle en ouvrant une bouteille de rhum.

Puis Dina demanda à sa fille de la suivre :

— Il faut les laisser se retrouver, maintenant. Ils sont en famille.

Annette sut que le moment était venu et se racla la gorge.

— Oui, à ce sujet… Avec Éric, nous devons vous parler de quelque chose…

Elle se rapprocha de lui, lui saisit la main et lui adressa un signe de tête. Ils avaient répété cette scène, afin de choisir les bons mots. Il commença :

— Vous savez que nous avons réussi notre année et obtenu une bourse chacun pour la prochaine.

Judith l'interrompit :

— Et nous sommes très fiers de vous ! J'ai toujours dit que vous feriez de grandes choses.

— Merci, maman. Mais ce que vous ne savez pas, c'est qu'Annette et moi voulons nous marier et emménager ensemble.

Le silence s'abattit sur la petite assemblée. Dina le rompit en s'exclamant :

— Mais qu'est-ce que tu racontes ?

— Je laisse Annette t'expliquer…

Ce qu'elle fit.

Le récit de l'année écoulée et de l'évolution de leur relation prit de longues minutes, durant lesquelles leurs deux familles se contentèrent d'échanger quelques regards ou de hocher la tête.

Dina finit par dire :

— Vous êtes encore jeunes. Avoir 19 ans, faire des études et se marier. C'est beaucoup en même temps. J'ai peur que vous abandonniez en cours de route, si c'est trop tôt…

Cette simple remarque fit comprendre à Annette que sa mère ne s'opposerait pas au mariage. Elle parlait du « quand » au lieu de s'arrêter sur le « pourquoi ». C'était déjà une victoire en soi. Car la loi en vigueur stipulait que le couple devait obtenir, au minimum, le consentement de chaque père, puisque Éric avait moins de 25 ans et elle-même, moins de 20. Si Dina approuvait cette idée, Jocelyn suivrait l'avis de son épouse. Restait à convaincre Judith et Wilbert.

La jeune femme répondit :

— Nous voulons mettre nos bourses universitaires en commun et vivre ensemble. Ça ne nous empêchera pas de travailler pour nos diplômes, au contraire. Nous vous avons déjà prouvé de quoi nous sommes capables. Et regarde, ça va être un soulagement pour Esther et Jonas que je quitte leur appartement, avec ce nouveau bébé qui arrive… Les choses se règlent d'elles-mêmes, c'est un signe de Dieu, non ?

Annette s'en voulut un peu d'utiliser le Tout-Puissant pour servir sa cause, mais après tout, sa mère le faisait souvent, elle aussi.

Au fil de la soirée, après épuisement des arguments de chacun, tout le monde finit par se mettre d'accord : si, après quatre ans d'éloignement, ces enfants jadis inséparables avaient renoué leurs liens au point de tomber amoureux et de désirer un avenir commun, on ne pouvait que laisser le destin se réaliser. Alors, oui, le mariage était la bonne réponse. Et il ne fallait pas trop tarder, pour que la rentrée universitaire se fasse correctement, en ayant déjà réglé la question du logement.

Ce serait une cérémonie simple. L'argent demeurait un souci permanent, pour les deux familles, et les jeunes gens n'avaient pas d'économies. Si Judith et Dina étaient un peu contrariées que la tradition ne puisse être respectée, elles avaient aussi le sens des réalités… et des priorités.

Le mariage fut célébré fin août, dans l'église de Ridoré, pour tenir compte des trente jours de délai nécessaire à l'obtention du certificat prénuptial requis auprès de « l'Institut du bien-être social et de recherches » de la capitale. Entourés de leurs familles et de nombreux amis d'enfance, Annette et Éric s'unirent devant Dieu en se tenant les mains avec grande émotion.

Quand ils revinrent pour la seconde fois de l'été à Port-au-Prince, ils savaient qu'ils ne disposaient que de cinq semaines pour trouver un petit logement et organiser leur rentrée. Avec l'aide de la secrétaire du doyen, une femme à l'esprit romantique qui versa une larme en apprenant qu'ils étaient désormais jeunes mariés, ils s'installèrent dans un trois-pièces situé à vingt minutes de la faculté. L'endroit, bien moins moderne que l'appartement d'Esther, manquait d'espace et avait l'allure de n'importe quelle construction bétonnée sans âme, mais le loyer entrait dans leur budget… et ils étaient chez eux.

Leur deuxième année universitaire pouvait commencer.

10 – Jeunesse d'une princesse

1995 à 2003

Dina avait raison : se marier jeune et suivre des études n'était pas simple. En changeant de statut, Annette avait aussi acquis des devoirs qui s'ajoutaient au reste, comme « tenir sa maison ». Ce qui n'était pas insurmontable, compte tenu de la taille du logement, mais impliquait néanmoins quelques heures supplémentaires de travail dont elle n'avait pas à se soucier chez Esther.

Éric était assez moderne pour participer aux corvées et faire les courses, de temps en temps, mais ses stages hospitaliers et horaires plus contraignants lui laissaient peu de temps libre. Annette comprit donc très rapidement que la gestion de leur foyer allait reposer sur elle, en grande partie. Elle n'était pas inquiète, elle s'en sentait capable.

Leur deuxième année universitaire fila vite, entrecoupée des examens semestriels de janvier, puis de fin mai. Cette fois encore, les jeunes gens obtinrent de très bonnes notes et purent conserver leurs bourses pour la rentrée suivante, à leur grand soulagement.

En novembre 1996, alors que le couple était concentré sur son cursus, avec des disciplines de plus en plus complexes et spécialisées – comme la parasitologie en pharmacie ou l'anatomie pathologique en médecine –, Annette découvrit qu'elle était enceinte, à la faveur de nausées matinales répétées. Ce n'était pas prévu : malgré leurs croyances religieuses, tous deux avaient conscience qu'avoir un enfant dans cette période d'études intenses serait une complication évidente et ils avaient pris toutes les précautions possibles pour « se donner le temps » avant de fonder une famille.

Quand les suspicions d'Annette se confirmèrent, lors d'un examen médical, la jeune femme eut d'abord la sensation qu'un piège se refermait sur elle. Sa première pensée fut qu'elle n'avait pas autant travaillé, depuis des années, pour devoir s'arrêter un an avant l'obtention de son diplôme de pharmacienne. Car il était évident que, dans un cas comme celui-ci, ce serait à elle de se sacrifier, et pas à Éric. Au moment de la naissance, il lui resterait un an à tenir. Juste un an. C'était frustrant. Cette situation créa des tensions dans le couple : Annette se confia à sa mère et lui fit part de son désarroi, quand elle réussit à la joindre par téléphone.

Dina la surprit par sa réaction nuancée. Elle comprit tout de suite qu'il s'agissait d'une « fausse bonne nouvelle », pour sa fille. Elle la félicita sobrement, sans s'extasier sur les bienfaits divins, comme elle l'aurait habituellement fait. À la place, elle lui dit :

— Ça va aller. Il y a toujours des solutions.

Et, comme toujours, c'est avec la complicité de Judith qu'elle en proposa une à leurs enfants, en les recontactant trois jours plus tard. Les deux femmes étaient d'accord : Annette et Éric obtiendraient leur diplôme, malgré ce bébé... mais surtout *pour* lui.

Il serait fier, en grandissant, d'avoir un père médecin et une mère pharmacienne. L'abandon des études n'était pas une option.

Dina informa donc sa fille qu'elle viendrait vivre à Port-au-Prince pour s'occuper du nouveau-né, le temps que son cursus soit terminé. Pendant ce temps, Judith gérerait les deux maisonnées à La Vallée, avec l'aide de Rosena, qui avait maintenant 18 ans. La sœur d'Annette avait choisi de se lancer dans l'artisanat local et de rester au domicile familial, pour le moment. Jocelyn serait triste d'être séparé de son épouse pendant plusieurs mois d'affilée, mais il comprenait la décision des femmes. Il était d'ailleurs prévu qu'elles se relayent, pour plus d'équité.

C'était une solution simple et efficace. Elle impliquerait un peu de promiscuité dans le petit appartement de Port-au-Prince, mais qu'importe. Le couple sauta sur cette généreuse proposition, sachant qu'il n'y avait pas d'alternative.

Annette mena donc de front sa grossesse et sa troisième année d'études, ce qui ne fut pas une sinécure, en attendant impatiemment que sa mère vienne les rejoindre. Celle-ci arriverait mi-juin, quelques semaines avant le terme. La jeune femme put valider son dernier semestre avant de prendre un repos bien mérité.

La naissance de Kella eut lieu un beau jour ensoleillé de juillet, alors que les toutes les grandes rues de la capitale étaient fleuries. Il faisait terriblement chaud, en raison d'une sécheresse persistante qui accablait le pays. Entourée de son mari et de Dina, Annette connut un accouchement plus facile qu'elle ne l'avait craint. Et, dès son entrée dans le monde, ce bébé fit souffler un vent de joie dans sa famille.

Éric était émerveillé de toucher les mains minuscules et parfaitement dessinées de sa fille, qui gardait les poings serrés comme elle le faisait sur les échographies prises quelques semaines plus tôt. Elle paraissait percevoir sa présence, car chaque fois qu'il approchait du berceau, elle se mettait à bouger dans tous les sens, jusqu'à se réveiller. Il suffisait qu'il effleure l'une de ses paumes pour qu'elle s'agrippe à lui de toutes ses forces, comme pour échapper à un danger, tout en agitant les jambes.

Dès qu'elle prenait Kella dans ses bras, Annette passait de longues minutes à contempler le petit visage confiant tourné vers elle. Un léger sourire flottait sur les lèvres de son bébé, lui donnant un air un peu béat, merveilleusement détendu.

Dina s'extasia à plusieurs reprises sur la taille imposante de sa petite-fille, sur ses pieds plats, mais potelés, et sur la rondeur de son crâne. Puis elle s'amusa de l'apparence disproportionnée de ses oreilles par rapport à sa tête et de sa peau toute fripée. Elle la décrivit comme « magnifique et bientôt parfaite ».

Annette quitta l'hôpital au bout de trois jours, en parfaite santé. Elle allait maintenant profiter de sa fille pendant deux mois, avant de reprendre le chemin de l'université, fin septembre. Par chance, Éric put aussi largement s'occuper de Kella, puisque son stage pratique suivant ne commencerait que trois semaines plus tard. Il n'en revenait pas encore d'être père et goûtait chaque seconde passée près de son bébé. Quant à Dina, elle leur permettait de vivre sereinement cette période si particulière, sans souci de l'avenir proche.

Le retour à la faculté se fit en douceur, Annette pouvant se concentrer sur sa quatrième et dernière année sans se sentir coupable. Dans l'appartement, chacun avait trouvé sa place et Kella semblait bénéficier de l'ambiance paisible dans laquelle elle baignait. Ses jeunes parents travaillaient toujours très dur, désormais poussés par une motivation supplémentaire. Leur petite princesse serait fière d'eux et de leur parcours.

Judith vint prendre le relais de Dina début novembre. La seconde grand-mère avait bien reçu quelques photos, mais était pressée de rencontrer sa petite-fille « pour de vrai ». Elle aussi se répandit en compliments et s'occupa efficacement de Kella, jusqu'à l'approche de Noël.

Tous les membres de la famille se retrouvèrent alors à La Vallée, pour quelques jours en commun. Les années précédentes, David, Evens et Samuel avaient également eu des enfants et c'était maintenant une véritable tribu qui se réunissait dans la cour des deux maisons. Wilbert et Jocelyn purent enfin découvrir cette petite-fille un peu à part, qui grandissait à distance et dont Dina leur avait vanté le calme et le sourire.

Celle-ci reprit son rôle de nounou à temps plein dès le mois de janvier et l'année se poursuivit ainsi, chaque grand-mère venant à tour de rôle s'installer quelques semaines à Port-au-Prince, pendant qu'Annette faisait en sorte d'obtenir son diplôme de pharmacienne, avec les louanges de l'université. Elle termina seconde de sa promotion, félicitée par le doyen en personne, qui souligna « l'exemplarité de son parcours ».

Il restait à Éric encore deux semestres de cours à suivre dans les locaux de la faculté, entrecoupés de stages pratiques, avant de passer à son année d'internat. Au bout de ces six ans d'études, il deviendrait docteur en médecine, puis pourrait choisir une spécialité, s'il réussissait un nouveau concours.

Annette avait parfois l'impression que tous deux vivaient exclusivement au milieu des livres et des révisions, depuis une éternité.

Pendant que son mari se lançait dans sa cinquième rentrée universitaire, la jeune femme trouva un premier emploi dans une pharmacie officielle, agréée par l'État. Elle espérait être un jour propriétaire de sa propre officine, mais savait qu'elle passerait d'abord plusieurs années à travailler pour quelqu'un d'autre.

Son salaire était bien supérieur au montant de son ancienne bourse, qu'elle ne percevait plus depuis le mois de juillet, et le couple commença à pouvoir mettre un peu d'argent de côté. Judith et Dina continuèrent néanmoins à se relayer pour garder Kella, afin d'éviter toute dépense superflue. S'occuper d'elle était facile : elle était obéissante et toujours enjouée.

Éric se montrait très strict quant à l'éducation de sa fille, malgré toute la tendresse dont il faisait preuve à son égard. Elle était son aînée, mais aussi le reflet direct de toutes ses ambitions sociales personnelles. Kella serait « sophistiquée », comme il aimait le répéter : l'enfant d'un médecin et d'une pharmacienne respectables qui avaient réussi à s'extraire de la pauvreté.

Fin septembre 1998, alors que le pays se relevait péniblement de l'extrême sécheresse de l'année précédente, l'ouragan Georges frappa Haïti : pluies, inondations et glissements de terrain touchèrent tout le territoire, causant de nombreux dégâts dans les bidonvilles situés sur les collines près de la capitale. En plein internat hospitalier au moment de cette nouvelle catastrophe, Éric passa plusieurs journées sans dormir, à soigner une quantité considérable de blessés.

En juin 1999, il obtint son doctorat, décida d'aller encore plus loin dans son apprentissage et de choisir une spécialité. Il opta pour la pédiatrie, une discipline qui lui paraissait directement liée à son statut de jeune père et qui l'attirait particulièrement. Il connaissait les énormes besoins de son pays, dans ce domaine, et désirait exercer son activité de la façon la plus utile possible. Sa résidence à l'hôpital universitaire allait durer trois ans.

Pendant que ses parents développaient progressivement leurs compétences dans leurs métiers respectifs, Kella grandissait, sous l'œil bienveillant de ses grands-mères.

À l'âge de 4 ans, elle fut scolarisée dans un établissement privé. Éric souhaitait qu'elle soit préparée au cursus primaire dans les meilleures conditions et Annette voulait soulager Judith et Dina, qui venaient de consacrer quatre années de leur vie à leur petite-fille. Il était temps qu'elles puissent se reposer chez elles. Grâce à leur implication, l'argent économisé depuis la naissance de Kella allait pouvoir payer son inscription, au coût assez élevé.

Malgré ses horaires contraignants, son père s'organisa afin de pouvoir se rendre disponible : une à deux fois par jour, il était présent pour les trajets entre la maison et l'école. Sur le chemin, les gens notaient l'incroyable complicité qui unissait Éric à sa fille. Leurs discussions étaient toujours animées et joyeuses. C'était une relation privilégiée et fusionnelle, d'une qualité rare.

Au printemps 2003, quelques mois avant que Kella entre à l'école primaire, Annette annonça à son mari qu'elle était à nouveau enceinte. Cette grossesse-là ne fut pas source d'angoisses comme la précédente : elle était désirée, voire presque planifiée. Éric était en train de terminer sa résidence en pédiatrie et percevrait un salaire complet dès la rentrée suivante. La garde de ce bébé pourrait être confiée à une personne rémunérée, les finances du couple devenant peu à peu plus que confortables.

Tous deux se félicitaient du parcours de chacun et de la tournure positive prise par les événements. La vie semblait leur sourire.

Ils ignoraient encore que les défis les plus difficiles de leur existence restaient à venir.

11 – Les épreuves

2003 à 2010

Le premier petit frère de Kella, Jackson, naquit en décembre 2003, trois jours avant Noël. Il serait suivi d'un autre garçon, Gabriel, en mai 2006. L'agrandissement de la famille nécessita un déménagement vers un appartement plus spacieux, en février 2004. Ce fut l'occasion pour Annette de retrouver le quartier résidentiel Turgeau, celui où Nicole l'avait accueillie à son arrivée dans la capitale, dix ans plus tôt. Le logement était situé au premier étage d'une belle maison avec jardin ; un privilège que peu de personnes pouvaient s'offrir.

La petite fille apprécia tout de suite son nouveau rôle de grande sœur, qu'elle prit très au sérieux. Ayant six ans de plus que son cadet, elle voulait « montrer l'exemple », comme elle aimait le dire. Elle était très appliquée en classe et soucieuse de son image d'élève studieuse. Malgré son jeune âge, elle comprenait déjà que ses parents avaient dû beaucoup travailler pour pouvoir exercer les métiers de leurs rêves et elle souhaitait les imiter. Elle aussi, elle choisirait sa vie.

2004 fut une nouvelle année compliquée pour le pays. Des pluies torrentielles ravagèrent le département du Sud-Est, au mois de mai, au point que le gouvernement intérimaire du président Boniface – successeur temporaire d'Aristide, à nouveau reparti en exil durant son second mandat, à la suite d'un autre coup d'État – décida de faire du 28 mai une journée de deuil national. En septembre, deux ouragans consécutifs frappèrent le pays. Le second, Jeanne, laissa derrière lui plus de trois mille morts et trois cent mille sinistrés.

Mais, malgré les dégâts et l'instabilité politique, en dépit de l'épuisement moral qui touchait continuellement la population, il fallait se relever et aller de l'avant.

Annette et Éric se savaient privilégiés, quand ils comparaient leur situation à celles de leurs parents et frères, qui dépendaient directement des caprices du climat pour gagner leur vie dans les champs. Leurs proches restés à La Vallée encaissaient constamment des coups du destin, et Kella comprit très vite, avant l'âge de 10 ans, que l'existence était injuste. Et donc qu'elle devait faire preuve de gratitude, en remerciant Dieu de ses bienfaits, comme le lui rappelait fréquemment Éric.

Au printemps 2008, le téléphone de l'appartement sonna pour annoncer une mauvaise nouvelle qui laissa Annette dans un état de stupeur totale : son père était décédé quelques heures plus tôt. Au milieu de son champ, en plein travail. Dina, en sanglots, trouva juste le courage de dire :

— Son cœur a lâché… Tous ces soucis… Trop de fatigue…

Jocelyn avait 59 ans.

L'enterrement eut lieu au cimetière de Ridoré, quatre jours plus tard, en présence des deux familles et d'amis de la région. Durant la semaine qui suivit, Kella ressassa ses regrets : elle n'avait pas assez profité de son grand-père maternel et aurait aimé mieux le connaître. Elle fit donc des pieds et des mains pour que ses parents acceptent qu'elle passe l'été dans le village de leur jeunesse. Elle avait presque 11 ans, elle était assez grande pour rester loin d'eux pendant un mois et demi. Et elle proposait même que les enfants d'Esther et Jonas, « ses cousins de la ville », se joignent à elle. Eux aussi avaient envie de voir plus régulièrement leurs grands-parents, Wilbert et Judith.

Annette et Éric, qui se sentaient coupables de n'être pas revenus à La Vallée assez souvent, de ne pas avoir été attentifs et de ne pas avoir compris que Jocelyn était malade, se laissèrent convaincre par ses suppliques. Kella avait besoin de mieux connaître ses racines.

Ce rituel se répéta à plusieurs reprises en 2008 et 2009, durant la plupart des vacances scolaires, Éric faisant l'aller-retour en voiture, pour des questions de sécurité. Cette succession de séjours permit le rapprochement de Kella et Josué, son cousin préféré. Il avait à peine deux ans de plus qu'elle et elle le considérait comme son grand frère.

Elle entra au collège en septembre 2008, en redoublant d'efforts pour obtenir d'excellents résultats scolaires. Elle craignait que ses parents la privent de ces vacances si particulières, au moindre écart de conduite, car elle connaissait l'importance de son éducation. Ses capacités linguistiques, notamment en anglais, faisaient dire à Éric qu'elle ferait sûrement « des études internationales ». Kella ne savait pas très bien ce que cela sous-entendait, mais elle aimait répéter cette affirmation à sa meilleure amie, Farah, qui était aussi sa voisine et habitait dans la même rue qu'elle.

Le 12 janvier 2010, à 16 h 53, son monde presque idéal s'écroula. Littéralement.

En seulement trente secondes, la ville qu'elle avait toujours connue fut défigurée. Transformée à jamais.

Trente secondes de pure terreur, suivies de mois de cauchemars et de larmes.

Rétrospectivement, Kella se dirait que sa famille la plus proche s'en était bien sortie : ses parents et ses frères n'avaient été ni tués ni gravement blessés, et leur maison n'avait été que faiblement endommagée.

Mais, au moment de la secousse, alors que l'adolescente rentrait du collège avec Farah, elle crut tout simplement qu'elle allait mourir.

Leur chance fut qu'elles empruntaient alors une avenue large. Elles eurent le temps de courir, de s'éloigner des bâtiments à proximité et de rester à l'air libre. Elles échappèrent au pire… mais pas au spectacle cataclysmique de l'effondrement de la capitale.

Toute sa vie, Kella se souviendrait du grondement, des cris, des gravats, des nuages poussiéreux, du bruit des klaxons et des sirènes. De la vision de voitures qui bougaient toutes seules sur la chaussée. Du son de la première réplique, sept minutes après la secousse initiale. Puis du silence, brisé régulièrement par des hurlements, dont les siens et ceux de Farah.

Arbres couchés, pylônes électriques arrachés, immeubles de plusieurs étages en ruines… Certaines rues étaient si méconnaissables que Kella et Farah eurent du mal à s'orienter pour rentrer chez elles et n'y arrivèrent que deux heures plus tard.

La soirée se déroula dans un brouillard de cris et de larmes. Annette, en constatant que sa fille était en sécurité devant leur maison, se laissa presque aller à une crise d'hystérie. Couverte de poussière grise, elle était revenue du quartier de la pharmacie au pas de course, en tenant Jackson et Gabriel par la main. Heureusement, ils étaient avec elle au moment du séisme. Elle se cramponnait si fort à eux que les deux garçons se mirent à protester.

Éric n'apparut qu'à minuit, les vêtements maculés de sang, et elle se jeta sur lui en pleurant, sous les yeux vitreux de Kella, qui n'arrivait pas à dormir, malgré sa fatigue.

— Mais tu étais où ?

— Devant l'hôpital. On a installé des brancards dans la rue. Je ne pouvais pas partir… Il y a des blessés partout… Partout…

— Tu aurais dû m'appeler de là-bas, j'étais folle d'inquiétude !

— Annette… L'hôpital s'est effondré… Et je ne savais pas d'où téléphoner. J'étais… j'étais…

Pour la première fois de sa courte vie, Kella vit son père pleurer. Des larmes silencieuses coulaient sur sa peau blanchie par la poussière. Il avait les yeux rougis, les paupières gonflées. Sa mâchoire resta serrée pendant de longues minutes, avant qu'il ne déclare :

— Ce pays est maudit. Nous n'y arriverons jamais…

— « Nous » ?

— Les gens. Les citoyens. Les médecins… Qui tu veux… Même le Palais national est à moitié détruit.

Kella comprit que le symbole de son pays, la résidence présidentielle, était à l'image du reste. À terre.

Cette idée la fit frissonner.

— Mais le pire… Annette… Mon Dieu, le pire, je crois que c'est l'université d'État…

Il se mit à sangloter pour de bon, secoué par des tremblements irrépressibles. Annette lui prit la main doucement et attendit, sans le brusquer.

— Il y avait mille étudiants dedans, en train de passer des examens. Elle s'est effondrée sur eux… C'est un cauchemar…

Les jours qui suivirent apportèrent de premiers chiffres épouvantables : un niveau de destruction montant jusqu'à quatre-vingt-dix pour cent dans certaines villes, des millions de sinistrés, des dizaines de milliers de morts enterrés sans cérémonie dans des fosses communes… La plupart des bâtiments officiels avaient subi des dommages importants ou s'étaient écroulés, de même qu'une majeure partie des universités publiques et privées. L'aéroport de la capitale était saturé : les centaines d'avions envoyés par l'aide internationale se voyaient dans l'incapacité d'atterrir et étaient placés en attente par l'armée américaine, qui gérait le trafic avec des moyens de fortune.

Les structures de l'État, en déliquescence continuelle depuis 2004, ne parvenaient pas à prendre des décisions organisées, ce qui retardait toutes les initiatives les plus urgentes. Fallait-il d'abord rechercher les survivants sous les décombres, s'occuper des morts ou secourir les rescapés ? Personne ne semblait avoir la réponse à cette question, ce qui renforçait le chaos général. La porte-parole du Bureau de coordination des affaires humanitaires de l'ONU déclarerait, quelques jours plus tard, que cette catastrophe était « la pire que les Nations unies avaient dû vivre jusqu'ici ».

Plus d'eau potable, plus de nourriture, plus de communications… Des scènes de pillage et d'émeutes, un peu partout… L'ampleur du cataclysme était telle qu'elle en devenait inconcevable, pour la plupart des habitants.

Éric et Annette, les premiers temps, restèrent dans l'attente fébrile de nouvelles en provenance de la région de Jacmel. Les quelques informations reçues par les voies officielles laissaient penser que les dégâts étaient considérables, là-bas aussi, avec un taux de destruction supérieur à soixante pour cent dans la ville elle-même. Mais rien au sujet de La Vallée et des alentours.

Puis quelques rumeurs finirent par leur parvenir, finalement confirmées par des sources plus sûres, proches de l'entourage d'Esther et Jonas. La sœur d'Éric, six jours après le drame, arriva un soir, en trombe, le visage marqué par la douleur. Seule Annette était présente, pour s'occuper des enfants. Kella ne saisit pas bien leur discussion murmurée, mais en les voyant sangloter, serrées l'une contre l'autre, elle comprit.

Plus tard, avec un calme qui dépassait l'entendement, sa mère lui expliqua que Judith et Dina se trouvaient toutes deux dans un bâtiment communal, à Ridoré, pour aider à préparer une fête scolaire. Le toit s'était effondré sur le groupe de participants. Il n'y avait pas eu de survivants. Wilbert, lui, avait été enseveli sous les murs écroulés de sa propre maison. Un voisin l'avait découvert, le lendemain. Annette termina en disant :

— Mieux valait qu'il parte aussi… Sans Judith, il serait devenu fou de chagrin…

De son enfance, il ne restait qu'un ensemble de ruines éparses.

Partout sur le territoire, les villes et les villages avaient subi des dégâts aléatoires, mais les bâtisses les plus modestes avaient systématiquement été les plus touchées : conçues sans béton armé et sans prise en compte de la moindre norme de construction antisismique, elles n'avaient presque aucune chance de supporter la puissance d'un tremblement de terre d'une magnitude de plus de 7.

Kella vit Éric et Annette pleurer une nouvelle fois, quand ils comprirent qu'ils ne pourraient pas assister à l'enterrement de leurs parents : la route reliant la capitale à Jacmel, couverte de blocs de roche et de troncs d'arbres, était impraticable en voiture. Seuls quelques motards expérimentés parvenaient à faire le trajet. La mort dans l'âme, ils firent leurs adieux en pensée à Judith, Wilbert et Dina, en comptant sur leurs frères et sœurs restés à La Vallée pour relayer leurs prières.

Le 20 janvier, alors que le pays était plongé en plein état d'urgence, un second séisme se produisit. Un peu moins violent que le premier, il finit d'abattre certaines constructions qui avaient résisté en partie à la catastrophe initiale, mais qui étaient très fragilisées. Une partie de la population de Port-au-Prince, traumatisée et exténuée, tenta de fuir le territoire par voie de mer, en s'entassant sur de vieux ferries pour espérer rejoindre la côte de Floride, à neuf cents kilomètres de là. Aux yeux de Kella, plus grand-chose n'avait de sens. Le monde était devenu fou.

Éric et Annette essayèrent de se rendre le plus utiles possible, en allant proposer leurs compétences aux services d'urgence installés un peu partout dans la ville par l'ONU et les pays venus à la rescousse d'Haïti. Les jours passèrent dans une confusion générale.

Chacun tentait d'aider ses amis, ses voisins, pour adoucir l'insupportable.

Kella, elle, finit par ne plus ressentir qu'une émotion : la colère. Une rage intense qui lui donnait envie de hurler. Où était Dieu ? Pourquoi permettait-il une telle atrocité, s'il était si puissant qu'on le disait ? Il n'avait même pas protégé la grande cathédrale catholique de Port-au-Prince. Pire, il avait laissé l'archevêque mourir sous les décombres. Était-il un dieu si cruel qu'il en devenait ironique à ce point ?

Il lui fallut plusieurs semaines pour recouvrer un semblant de calme, mais sans trouver réponse à ses questions.

12 – La détermination

Février 2010 à décembre 2019

Durant les mois qui suivirent le tremblement de terre, Éric et Annette tentèrent de remettre un maximum de normalité dans le quotidien de leurs enfants. Et cela passait, entre autres, par une reprise scolaire rapide. Ce retour en classe fut aussi chaotique que le reste, en fonction des possibilités de chaque établissement, des conditions matérielles et de la présence – ou de l'absence – des professeurs concernés.

Kella ne revint vraiment à son collège privé qu'en septembre, pour découvrir que près de la moitié de ses camarades n'étaient plus là. Certains avaient dû quitter la capitale pour accompagner leur famille dans des zones moins sinistrées. D'autres ne voulaient plus poursuivre leurs études. Quelques-uns n'avaient pas survécu à la catastrophe. Mais son amie Farah était toujours présente, alors Kella se raccrocha à ce visage familier.

Tandis que le pays essayait de se relever péniblement du désastre – l'estimation du président Préval était qu'une dizaine de milliards de dollars et autant d'années seraient *a minima* nécessaires pour remettre la nation sur pied –, la jeune fille se replongea dans ses livres et ses devoirs. Plus vraiment avec l'énergie de la passion, mais plutôt celle du désespoir. Tout ce qui lui permettait de ne pas penser à la destruction et aux disparus était le bienvenu.

Petit à petit, le goût d'apprendre redevint une fin en soi. Ses parents lui répétaient sans cesse que faire les meilleures études possibles était sa garantie de ne pas subir sa future existence. Cette philosophie était gravée en elle, au même titre que les valeurs de confiance ou de solidarité. Au bout du compte, sa soif de connaissances reprit le dessus.

Se servant du savoir à la fois comme d'une épée et d'une armure, Kella traversa brillamment les années du cycle secondaire et obtint son diplôme en juin 2015, avec une mention spéciale en anglais et en sciences économiques, le tout accompagné des félicitations du jury. Farah n'eut pas d'aussi bonnes notes, mais réussit également ses examens. Les deux amies étaient conscientes que leurs études allaient désormais diverger et elles se promirent qu'elles resteraient toujours en contact, d'une façon ou d'une autre.

Parallèlement, Kella avait préparé le TOEFL – *Test of English as a Foreign Language* –, une évaluation payante auquel son père l'avait inscrite dix-huit mois auparavant. Elle l'avait passé dans un centre agréé proche de la faculté de linguistique, dès la fin de son avant-dernière année de lycée. Son score de 630 points, sur les 677 possibles, indiquant une excellente maîtrise de la langue anglaise, était un élément non négligeable pour son dossier de candidature universitaire.

Car, depuis des années, Éric voulait que sa fille poursuive ses études supérieures aux États-Unis. Plus précisément au Boston College, à Chestnut Hill, afin d'apprendre l'économie au sein du Morrissey College of Arts and Sciences, l'une des nombreuses écoles rattachées au campus. C'était l'établissement idéal : ancien, prestigieux, privé et appartenant à la Fédération internationale des universités catholiques, même si sa charte datant de 1863 stipulait qu'il était ouvert à toutes les confessions.

Compte tenu des coûts très élevés d'inscription – presque 80 000 $ pour la seule première année d'études, sur les quatre que comptait le cursus standard – et parce que les élèves étrangers ne pouvaient pas prétendre à une bourse classique, Éric avait transmis le dossier de Kella au plus tôt, dès octobre 2014, afin qu'il fasse partie des analyses anticipées. De cette manière, sa fille pouvait espérer obtenir un autre type d'aide, en intégrant le *Gabelli Presidential Scholars Program*.

C'était un véritable pari, puisque l'université ne sélectionnait qu'une quinzaine d'étudiants chaque année : ceux dont le parcours exemplaire et le mérite personnel justifiaient la prise en charge complète de leurs frais de scolarité et d'hébergement au Boston College, durant quatre ans. Le programme, ouvert aux postulants étrangers, incluait des privilèges nombreux et la possibilité de participer à de multiples activités à travers le monde. C'était la voie royale pour étudier, mais aussi côtoyer l'élite de demain et asseoir son avenir professionnel.

Et le dossier de Kella avait été retenu : en tant que finaliste, en mars, elle avait reçu une lettre d'invitation, afin de visiter l'université et passer les entretiens additionnels devant déterminer si elle ferait partie de la sélection définitive. Très intimidée par l'étendue et la beauté du campus, un peu désorientée par sa découverte de Boston et fatiguée par le voyage, elle avait néanmoins impressionné les membres de la faculté chargés de son évaluation. Ses résultats scolaires impeccables, sa très bonne maîtrise de l'anglais, son histoire personnelle émouvante et son engagement résolu avaient su convaincre le jury : deux semaines plus tard, elle avait obtenu la confirmation tant espérée par son père. Si elle décrochait son diplôme de fin d'études secondaires, elle serait attendue à Boston, en septembre, pour prendre sa place au sein du prestigieux programme.

Kella comptait maintenant les jours avant le début de son aventure américaine. Si Éric et Annette débordaient de bonheur et de fierté, la jeune fille se montrait plus réservée, partagée entre le stress, l'excitation et l'angoisse. Quitter sa famille et ses amis l'inquiétait. Jusqu'ici, tout le monde l'avait toujours appréciée et elle avait appris à profiter des joies de la vie sans se poser trop de questions. Trouverait-elle des relations d'aussi bonne qualité à Boston ? Tandis qu'elle préparait ses bagages, disait au revoir à Farah et recevait une liste interminable de conseils de la part de ses parents, Kella essayait de faire bonne figure. Elle savait parfaitement que le privilège qui lui était accordé était immense : elle avait le devoir d'être heureuse et reconnaissante. Elle prit donc l'avion avec un pincement au cœur, mais aussi pleine de résolutions positives.

Le Boston College, régulièrement cité parmi les meilleures universités au monde, offrait une richesse d'enseignement impressionnante : à la fois faculté et centre de recherche, l'établissement était composé de plus de cent vingt bâtiments, disposait de huit bibliothèques dotées de deux millions d'ouvrages et possédait son propre musée.

Il était aussi classé au Registre national des lieux historiques. On y trouvait plus de soixante clubs sportifs d'étudiants et des activités artistiques de toutes sortes. C'était un site d'excellence, d'où étaient sortis bon nombre de politiciens, d'hommes d'affaires, d'acteurs et d'athlètes célèbres.

Son style gothique, inspiré par celui de l'université anglaise d'Oxford, sa majesté architecturale et l'ambiance studieuse qui y régnait étaient à la fois source de motivation et d'appréhension, pour Kella. Envie de se dépasser. Peur de ne pas être à la hauteur. Ici, elle disposait de toutes les ressources pour accomplir ses rêves les plus fous. Mais si elle n'apprenait pas vite à s'en emparer et à les exploiter, elle pourrait aussi se faire engloutir par un trop-plein de sollicitations intellectuelles et émotionnelles.

Les étudiants étaient encouragés à s'épanouir dans plusieurs matières, notamment en suivant deux majeures parallèles et en s'inscrivant à des cours additionnels dans d'autres domaines. Ils n'étaient pas obligés de faire leurs choix définitifs dès la première année, ce qui leur laissait le temps de trouver leur voie.

Parmi les dizaines de disciplines proposées par le Morrissey College of Arts and Sciences, et en plus de l'économie, si chère à son père, Kella sélectionna l'anglais – pour parfaire sa connaissance de la langue –, l'informatique – pour rattraper le léger retard qu'elle avait pris au lycée, en raison d'un équipement insuffisant –, l'étude de l'environnement – c'était un sujet qui la passionnait – et la communication – toujours utile, même si la jeune fille ne savait pas trop ce que ça impliquerait.

Le principe fondateur du Boston College, une institution originellement jésuite, était le *cura personalis*, soit le soin apporté à l'être dans sa totalité. Dans cette université d'élite, on formait chaque élève pour qu'il devienne « la version la plus haute de lui-même », à la fois en tant qu'individu que futur travailleur. Obtenir des leaders intelligents, cultivés et passionnés à l'idée de rendre le monde meilleur : tel était l'objectif central qui animait le campus.

En tant que membre du généreux programme Gabelli, Kella découvrit que cette philosophie était encore renforcée, chacun des quelques étudiants sélectionnés devant se montrer exemplaire, à tout point de vue. Qu'il s'agisse de son travail académique ou de son investissement spontané dans les nombreuses activités complémentaires liées à son statut – comme la participation à des missions sociales ou humanitaires –, Kella n'avait pas le temps de s'ennuyer.

Dès le début de sa première année, elle étudia et s'impliqua au maximum de ses possibilités, faisant le bonheur de ses professeurs et de ses camarades du programme. Cela ne se fit pas sans difficulté, car la jeune fille avait beaucoup de mal à s'adapter et ne rêvait que d'une chose : pouvoir rentrer chez elle.

Elle était consciente de la part d'ingratitude que sous-entendaient ses émotions, mais c'était plus fort qu'elle : dans le cocon familial, elle avait toujours été protégée, alors qu'ici, le poids des responsabilités représentait un lourd fardeau souvent dur à porter. Certes, elle avait la certitude de trouver un emploi très bien payé à l'issue de son cursus, mais elle avait parfois l'impression que ce privilège était assorti de sacrifices trop coûteux.

Toutefois, les mois passèrent très vite. Pour un étudiant rattaché au programme Gabelli, même les périodes de vacances étaient consacrées à des obligations spéciales. Kella ne rentra pas chez elle durant quatre ans, partageant son temps entre de multiples engagements. Certaines missions impliquaient carrément des déplacements dans d'autres villes que Boston – aux États-Unis, mais pas seulement –, afin de participer à des événements caritatifs. C'était un tourbillon constant d'activités, qu'elle relatait à ses proches et à Farah dans des emails détaillés. Elle évitait le téléphone, par peur des larmes. L'écrit lui permettait de mieux maîtriser ses sentiments.

Cette longue période d'émancipation lui apporta de précieux atouts. En rencontrant de nouvelles personnes et en se voyant confier des responsabilités importantes par ses tuteurs de l'université, Kella acquit une grande indépendance, apprit à bien gérer son argent – puisque sa scolarité elle-même était financée par le programme, ses parents lui versaient une petite allocation pour qu'elle puisse subvenir à ses autres besoins – et à apprécier un confort de vie que ses grands-parents auraient été incapables d'imaginer, au même âge.

Elle se fit aussi quelques amis proches – dont l'étudiante avec qui elle partageait sa chambre sur le campus, Mary – qui l'aidèrent progressivement à prendre confiance en elle et à s'affirmer. Au fil de leurs sorties en commun – cinéma, restaurant ou théâtre –, Kella prit conscience que sa compagnie était recherchée et qu'elle disposait d'un réel pouvoir de séduction. Même si elle maintenait à distance les hommes trop empressés à son goût et qu'elle conservait une certaine réserve – par exemple en s'abstenant de boire et fumer –, elle n'hésitait pas à user un peu de ses charmes, quand elle le jugeait nécessaire.

Ces quatre années la transformèrent, sur tous les plans. Quand Kella descendit de l'avion à Port-au-Prince, en juillet 2019, avec son double diplôme d'économie et d'anglais en poche – assorti d'une mention spéciale en étude environnementale et appuyé par des recommandations personnalisées émanant de plusieurs de ses professeurs –, tous ses proches venus l'accueillir à l'aéroport en restèrent bouche bée.

13 – Un retour sous haute tension

Juillet à novembre 2019

La bachelière partie quatre ans plus tôt s'était métamorphosée. Plus longiligne que jamais – elle mesurait près d'un mètre quatre-vingt et s'était encore affinée durant son séjour à Boston –, le teint plus pâle, soigneusement habillée et maquillée, elle était désormais une jeune femme moderne au statut social manifestement élevé. La tenue bleu royal et blanc qu'elle avait choisi de porter pour son voyage mettait sa silhouette en valeur. Son tee-shirt sans manches, au col haut et lacé devant, révélait le galbe de ses bras minces et musclés, tandis que sa jupe mi-longue dévoilait joliment ses jambes. Une paire de chaussures noires à talons complétait l'ensemble et donnait à la jeune femme une démarche élégante.

Annette et Éric l'accueillirent dans un brouillard de rires, de larmes et d'embrassades, en la félicitant pêle-mêle pour son double diplôme, son allure et son retour parmi eux. Près de ses parents, les frères de Kella, ainsi que divers cousins, attendaient avec impatience de pouvoir la saluer à leur tour. Derrière la petite troupe rassemblée, Farah se tenait en retrait, semblant intimidée par l'apparition de son amie de jeunesse.

Toutes deux s'étreignirent avec un peu de maladresse, comme pour se réapprivoiser.

Les premiers jours furent compliqués pour Kella, qui dut retrouver tous ses repères. Les rituels quotidiens assimilés, durant ses quatre années d'université, ne correspondaient plus au rythme de ses proches. Elle était heureuse de revoir sa famille, qui lui avait tellement manqué, mais paradoxalement, elle se languissait aussi de ses camarades de Boston. Au fil du temps, elle avait développé avec eux une complicité spéciale et des habitudes que personne d'autre ne pouvait vraiment saisir.

En discutant avec Farah, elle prit conscience que celle-ci n'appréciait pas vraiment les anecdotes universitaires qu'elle lui racontait. Kella fut déçue, mais n'insista pas. Il fallait y être pour comprendre, tout simplement. Bien qu'elles soient restées en contact durant cette longue absence, leurs liens s'étaient distendus. Entretenir une relation quand les centres d'intérêt, les activités et les objectifs de vie divergeaient n'était pas facile. Kella tenta sincèrement d'associer son amie à ses projets, mais elle se rendit vite compte que Farah s'en moquait un peu. Un fossé s'était créé entre elles, dès l'instant où elles s'étaient retrouvées dans le hall de l'aéroport. Il ne ferait que se creuser davantage durant les trois mois qui suivraient.

Pour fêter ses 22 ans, une semaine après son retour, elle demanda à son père de lui organiser une journée spéciale à la plage. La mer et la chaleur faisaient partie des choses que l'université n'avait jamais pu lui offrir et elle avait envie de profiter d'un plaisir simple qui lui rappellerait son enfance. Tous ses proches répondirent à l'invitation et elle retrouva enfin son cousin Josué – venu spécifiquement de Jacmel pour elle – avec un immense bonheur.

— Alors, Boston, c'était bien ?

— C'était… différent.

— C'est tout ? Je pensais que tu ne rentrerais jamais, vu ce que tes parents m'ont raconté. Il paraît que tu étais une star, là-bas !

— N'exagère pas ! J'ai juste eu de la chance.

— Tu parles ! Tout le monde est très fier de toi. Tu ne te rends pas compte… Une diplômée de Boston dans la famille ? C'est complètement fou ! Tu vas faire quoi, maintenant ?

Kella hésita à répondre. En vérité, elle ne savait pas trop où elle allait postuler, pour commencer. Où qu'elle demande du travail à Port-au-Prince, elle pensait qu'elle serait embauchée, compte tenu de son cursus surdimensionné par rapport à la moyenne, mais de quoi avait-elle vraiment envie ?

Son pays était de nouveau en grande crise politique, en raison de problèmes sociaux et économiques profonds qui touchaient les plus pauvres, mais cette fois, la colère populaire ne paraissait pas près de s'éteindre.

Les manifestations avaient débuté cinq mois plus tôt – prenant les citoyens plus riches pour cibles, à la suite d'un rapport public qui dénonçait un niveau de corruption jamais atteint chez les hauts responsables de l'État –, s'étaient calmées brièvement pendant le printemps, puis avaient recommencé de plus belle en juin.

Grève générale, affrontements avec la police et pillage organisé rendaient le pays encore plus instable. Kella avait l'impression d'être de retour au sein d'une poudrière. Pour le moment, les explosions étaient rapidement étouffées, mais combien de temps restait, avant un effondrement complet du gouvernement ?

Une grande partie de la capitale n'était toujours pas reconstruite, plus de neuf ans après le drame de 2010. Le contraste entre les bidonvilles accrochés aux collines de Port-au-Prince et la beauté majestueuse du campus où la jeune femme avait vécu pendant quatre ans était si énorme qu'elle avait du mal à en croire ses yeux. Alors, non, elle ne savait pas vraiment répondre à son cousin.

— Je vais voir. J'ai plusieurs pistes possibles, mais je me donne quelques semaines pour réfléchir.

— Dépêche-toi quand même de prendre une décision, avant que tes parents déménagent.

— De quoi tu parles ?

— Tu n'es pas au courant ? Ta mère va ouvrir sa propre pharmacie à Jacmel. Et ton père doit s'occuper de l'hôpital de La Vallée, si j'ai bien compris.

— Mais ils ne m'ont rien dit !

— Ils n'ont pas eu le temps, j'imagine. Discutes-en avec eux, ils te donneront les détails.

Kella se sentait choquée par cette annonce.

— Mais pourquoi faire ça ? Papa a un poste de médecin enseignant, ici. Et maman…

— Ta mère en a marre d'être l'employée de quelqu'un qui est moins compétent qu'elle, Kella. Et ton père… Regarde autour de toi. Comment tu veux bien travailler dans ces conditions ? Cette ville est pleine de ruines et de fantômes. Je suis bien parti, moi. Mes parents ont compris ma décision.

— Mais toi, c'est différent. Tu n'es pas…

Il la coupa avec un sourire, en levant une main :

— Je sais, je ne suis pas médecin et j'ai raté mes études. Maman me l'a assez reproché. Mais guide, c'est pas mal comme métier, quand on se débrouille bien avec les touristes. Et j'ai un projet d'atelier artistique. À l'occasion, je t'en parlerai…

Kella était complètement perdue et demanda des explications à sa mère, le soir même, alors qu'elles prenaient un verre sur le balcon. Annette lui répondit d'une voix douce :

— Nous attendions ton retour de Boston, pour que tu puisses te réinstaller dans l'appartement et surveiller tes frères, le temps qu'ils terminent le lycée. Ce sont de bons garçons, mais ils ne peuvent pas rester seuls, évidemment. Nous avons trouvé une petite maison correcte, à Jacmel, pas loin de l'endroit où je vais ouvrir la nouvelle pharmacie. Ton père aura son propre cabinet, juste à côté. Et il ira deux fois par semaine superviser l'hôpital de La Vallée.

— Mais pourquoi ? Ce n'est pas le travail qui manque, ici !

— Ma chérie, il arrive un moment dans la vie où l'on réévalue ses priorités. Nous avons tout fait pour vous donner un avenir, à toi et tes frères. Nous avons gagné beaucoup d'argent, par rapport à nos parents, et nous avons réussi notre pari. Mais nous avons aussi besoin que notre métier ait du sens…

Le regard d'Annette se perdit dans le lointain, en direction du sud. Kella crut voir une larme perler entre ses cils, mais sa mère se détourna légèrement, avant de poursuivre :

— Tu savais que le souhait de Judith, il y a presque trente ans de ça, était que son fils prenne la tête du dispensaire, un jour ? À l'époque, on ne pouvait même pas le qualifier d'hôpital… Elle avait de grands projets pour ton père. Avant tout, elle voulait qu'il soit capable d'aider le pays. Eh bien… Il va pouvoir exaucer le vœu de sa mère. Là-bas, il sait qu'il jouera un vrai rôle. Qu'il sera utile… Ici… Disons qu'il en a assez de soigner en priorité les plus riches qui payent pour pouvoir passer devant les autres. Il se souvient d'où il vient… Et moi aussi…

Kella comprit et n'insista pas. Après tout, elle n'avait qu'une idée très floue de ce que ses parents avaient vécu, durant sa longue absence. S'ils estimaient que leur avenir n'était plus à Port-au-Prince, elle n'avait aucune raison de douter de leur jugement.

Elle passa les semaines d'été à les aider à préparer leur départ. Ils n'allaient emporter que peu de choses, au bout du compte, puisqu'ils conserveraient l'appartement de la capitale pour leurs enfants et allaient emménager dans une maison meublée. Le reste suivrait, quand les circonstances le dicteraient.

Kella mit aussi ce temps à profit pour trouver un emploi. Elle finit, sans enthousiasme débordant, par accepter l'offre d'une entreprise commerciale basée à proximité du quartier Turgeau. La société travaillait principalement dans le secteur agroalimentaire et avait besoin d'une responsable financière. Ce n'était pas la voie dont la jeune femme avait rêvé, mais en attendant mieux, elle ne voulait pas prendre l'habitude de ne rien faire. Et comme Farah ne donnait presque plus de nouvelles, le temps ne manquait pas.

Éric et Annette quittèrent la ville fin septembre, en faisant mille recommandations à leurs enfants. Kella allait devoir superviser les devoirs et activités extrascolaires de ses deux frères adolescents, mais la tâche ne lui faisait pas peur. Le plus âgé avait maintenant presque 16 ans et se montrait très responsable ; le benjamin, 13 ans, était réputé calme et discipliné. Leurs parents n'auraient pas choisi de partir s'ils avaient eu le moindre doute quant au comportement de leurs fils, Kella le savait.

Ce qui l'inquiétait plus, c'était la recrudescence de violence et d'affrontements entre partisans du gouvernement et membres actifs de l'opposition. Durant les quinze jours qui venaient de s'écouler, plus de deux cents personnes avaient été blessées par balle ou arme blanche. Dix-sept morts étaient à déplorer. Certains quartiers pauvres étaient presque régis par des gangs. La zone résidentielle de Turgeau avait été épargnée, jusque-là, mais pour combien de temps encore ? Kella se demandait si ses parents avaient bien pris la mesure des risques, en décidant de laisser leurs enfants à Port-au-Prince. Certes, elle-même était adulte, mais quand même…

Un soir de fin novembre, alors qu'elle quittait son entreprise pour rentrer chez elle à pied, un bruit de pas précipité et proche, juste derrière elle, l'alerta. Trop tard. Elle eut à peine le temps de se retourner et de voir un visage grimaçant qu'un sac en jute s'abattit sur sa tête. Puis elle reçut un coup à la tempe et s'effondra sur le trottoir.

14 – Des départs douloureux

Novembre 2019 à février 2020

À son réveil, Kella découvrit qu'elle était enfermée dans une pièce sombre, aux fenêtres condamnées. L'odeur qui imprégnait l'endroit était répugnante. Un mélange de sueur, d'urine et de crasse qui lui saisit les narines. Elle manqua vomir, mais parvint à se retenir, dans un sursaut d'orgueil et de peur mêlés. D'une main tremblante, elle constata que le côté droit de son visage était maculé de sang séché. Puis elle explora le sol autour d'elle et eut la confirmation que son sac ne se trouvait pas à proximité. Elle ne transportait que peu d'argent liquide sur elle, ses agresseurs avaient dû être déçus en ouvrant son portefeuille.

C'est alors qu'elle comprit pourquoi elle était enfermée. Ses parents lui avaient parlé à plusieurs reprises de la recrudescence des kidnappings, dans la capitale. Depuis quelques mois, cette horrible pratique – véritable marché économique parallèle, pour certains gangs – avait pris des proportions que le gouvernement, déjà incapable de faire tourner correctement le pays, n'arrivait plus du tout à endiguer. Pour ces bandes armées, c'était bien plus rentable que le vol à l'arraché.

Son intuition se confirma lorsque la porte s'ouvrit et que la lumière jaillit dans la pièce.

L'individu qui s'appuya contre l'embrasure en la toisant était à peine plus qu'un adolescent. Il devait avoir l'âge de Jackson. Il n'était pas encore vraiment un homme, mais l'expression de son visage était déjà celle d'un adulte endurci.

— Tiens ! Voilà à boire !

Kella eut juste le temps de lever les mains pour attraper la gourde d'eau qu'il lui jeta. Elle tenta de se montrer conciliante. Si elle voulait l'amadouer, les cris et les pleurs n'étaient sans doute pas la meilleure approche.

— Merci… Pouvez-vous me dire où je me trouve ?

— Non.

— Qu'est-ce que vous attendez de moi ?

— De toi, rien. C'est tes parents qui nous intéressent.

— Mes parents ?

Le jeune ne répondit rien et s'écarta pour laisser passer un homme plus âgé qui vint prendre sa place. Celui-ci affichait un air moqueur et beaucoup plus inquiétant.

— Ils ont de l'argent. Ils paieront pour revoir leur fille chérie.

— Mais…

— Ta gueule ! Ici, tu parles pas. Tu bois, tu manges et tu pisses quand on te dit de le faire, et c'est tout. Ça peut prendre quelques semaines, ces affaires-là, donc te fatigue pas à causer pour rien.

Et il claqua la porte derrière lui en riant.

Kella sentit les larmes lui monter aux yeux, mais refusa de se laisser aller. Ils seraient trop heureux de la voir dans cet état. Alors, elle serra les dents et patienta.

Son attente dura exactement dix-neuf jours, mais elle n'en prendrait conscience que le lendemain de sa libération, quand ses parents lui relateraient les presque trois semaines pendant lesquelles ils avaient négocié avec ses ravisseurs. Durant sa captivité, elle perdit rapidement toute notion du temps, en raison de la pénombre permanente et de l'irrégularité des rares repas qu'on lui servait.

Affaiblie, affamée, effrayée, sale et au bord de la crise de nerfs, Kella se laissa simplement faire quand, lors d'une énième ouverture de la porte, le second homme qu'elle avait rencontré lui cria :

— Tourne-toi !

Un nouveau sac en toile épaisse lui recouvrit le visage et elle reçut un coup à l'arrière du crâne. Mais cette fois-ci, elle ne s'évanouit pas. Dans la quasi-obscurité, son kidnappeur avait mal visé et atteint une zone moins sensible. Elle fit néanmoins mine de s'effondrer sur elle-même, pour qu'il ne la frappe pas à nouveau. Elle se sentit soulevée par des bras puissants, puis transportée pendant plusieurs minutes. Autour d'elle, les voix se multipliaient. Ces hommes étaient bien plus nombreux qu'elle ne l'avait imaginé. Il ne s'agissait pas d'une petite opération, mais d'un groupe qui semblait très organisé.

Alors qu'on la jetait à l'arrière d'un fourgon et que le moteur se mettait en route, elle entendit les bribes d'une conversation, derrière la paroi en toile contre laquelle sa tête reposait.

— C'était une bonne affaire, celle-là ?

— Un tuyau en or. Ses parents ont craché presque cent mille dollars. On n'a même pas eu besoin de leur envoyer un doigt ou une oreille pour les motiver.

— Qui a eu l'idée ?

— Une fille qui la connaît et qui était pas gourmande pour la prime. Elle a dit que ça lui faisait plaisir de nous aider pour pas cher et que ça ferait les pieds de celle-ci, qui se prend pour une grande dame. Il paraît qu'elles étaient amies, avant. Je sais pas tout, demande à Thomas. C'est lui qui a traité avec cette fille… Farah, qu'elle s'appelle…

Kella faillit gémir sous le sac et se mordit les lèvres pour ne pas faire un bruit. Il ne fallait surtout pas qu'ils découvrent qu'elle était consciente. Elle se contenta de laisser les larmes couler en silence sur son visage et d'attendre que son cauchemar se termine. Le véhicule démarra enfin.

Après un long trajet durant lequel son corps rebondit douloureusement sur le plancher en tôle de la camionnette, le fourgon s'arrêta brutalement. À nouveau, la jeune femme sentit des mains la saisir et la porter sans douceur. Elle fut projetée sur un sol caillouteux. Elle roula sur elle-même, en retenant des cris de souffrance, au contact des pierres pointues.

Puis une portière claqua et le bruit de moteur s'éloigna, faisant place au silence. Kella s'autorisa alors à sangloter.

Péniblement, elle se redressa un peu et arracha le sac qui l'empêchait de bien respirer. Autour d'elle, des champs. Pas d'habitations visibles. Elle était à moitié couchée sur une piste en mauvais état qu'elle ne reconnut pas. Où l'avait-on laissée ? Quelle heure était-il ? Quel jour était-on ? D'après la position du soleil et la teinte du ciel, Kella estimait que c'était le milieu de l'après-midi. Mais où se trouvait-elle ?

Pendant quelques minutes, elle resta allongée par terre, épuisée et incapable de prendre une décision, à fixer le mouvement paresseux des nuages. Elle n'allait pas mourir, finalement. Mais elle n'avait la force de rien. Elle se sentait trop faible pour marcher, elle n'avait pas envie de se relever. Elle dut puiser au fond d'elle-même le courage de bouger. Il fallait qu'elle rejoigne une maison et qu'elle trouve de l'aide, avant la tombée de la nuit.

Tandis qu'elle se remettait debout en pleurant toujours de fatigue et de colère, elle vit une voiture arriver au bout du chemin et s'approcher d'elle en dégageant des nuages de poussière. Le moteur n'était pas encore coupé qu'Annette jaillit du véhicule en criant et se précipita vers sa fille. Éric, qui conduisait, l'imita avec deux secondes de retard. Quand ses parents la saisirent dans leurs bras, Kella s'autorisa enfin une seconde chose : fermer les yeux et s'évanouir pour de bon.

À son réveil, elle était couchée dans une chambre inconnue, sous une couette épaisse. Sa mère était assise à son chevet, le visage marqué par l'inquiétude. Elle sourit dès qu'elle comprit que Kella était consciente.

— Ma chérie !

— Maman… Qu'est-ce…

— Ne parle pas. Repose-toi, ça va aller, maintenant…

Sans protester, la jeune femme replongea dans le sommeil. Elle avait l'impression de ne pas avoir vraiment dormi depuis des années.

Quand elle émergea de nouveau d'une suite de rêves et de cauchemars mêlés, Éric avait pris la place d'Annette. Il lui parut plus vieux, un peu tassé sur lui-même.

Il lui saisit la main et parla doucement :

— Il faut que tu manges quelque chose. Maman t'a préparé de la soupe.

Kella était affamée, mais n'avait envie de rien. Elle dut se forcer à boire, en procédant par petites gorgées. Elle avait peur de vomir, tant son estomac était noué.

Au bout de quelques minutes silencieuses, elle s'exprima à son tour :

— Papa, je suis désolée…

— Tu n'es coupable de rien.

— J'aurais dû faire plus attention… Prendre un autre chemin pour rentrer…

— Ce n'était pas de ta faute. Quand ils ont une cible, ils finissent toujours par trouver un moyen de l'enlever.

Son père se leva, repoussa la chaise sur laquelle il était assis, s'approcha de la fenêtre, écarta le rideau pour regarder dehors, puis croisa les mains derrière son dos.

— Dans moins de deux semaines, c'est une nouvelle année qui commence. Et rien ne change…

— Je ne comprends pas… Papa, tu…

— Laisse-moi parler, Kella. Ce que je vais te dire ne va pas te plaire, mais tu vas devoir m'écouter.

Il se retourna vers elle, le visage sillonné par quelques larmes.

— Ce pays n'est plus fait pour toi. Tu vas repartir à Boston, là où l'avenir t'appartient. Ici, nous ne sortirons jamais de cette spirale.

— Mais je ne veux pas…

— Je t'ai dit de m'écouter ! Tu n'es revenue qu'il y a cinq mois, mais tu as pu voir la situation. Elle ne va pas s'améliorer, crois-moi. Tous les gens qui s'y intéressent le savent… Les manifestations vont continuer et empirer. Les kidnappings aussi… Trop de pauvreté, trop de prix élevés, pas assez d'espoir… Je n'arrive même pas à en vouloir vraiment à tous ces gangs. Ils sont le résultat d'une faillite générale…

— Papa, je ne peux pas repartir… Je dois rester avec vous.

— Non ! Tu dois donner un sens à tous les sacrifices que nous avons faits. Surtout à ceux de tes grands-parents. Tu n'imagines pas de quoi ils ont dû se priver, pour que nous puissions étudier, ta mère et moi, puis vous construire un avenir, à toi et tes frères. Nous avons gagné beaucoup d'argent, oui, mais si tu restes piégée ici, nous aurons fait tout ça pour rien.

Il se retourna de nouveau vers la fenêtre, en se frottant les yeux, et reprit :

— Je pensais sincèrement que tu pourrais faire ta vie près de nous, après ton diplôme. Que les choses se seraient améliorées un peu, pendant ton absence, et que tu pourrais participer à une nouvelle ère. Mais rien ne s'est passé comme je l'avais espéré, depuis les dernières élections. Le gouvernement actuel ne vaut pas mieux que les précédents. Il est peut-être carrément pire… On n'a rien reconstruit et l'argent finit toujours dans les mêmes poches… J'aurais dû te dire de ne pas rentrer du tout. Quelle naïveté…

Annette les rejoignit dans la chambre et vint s'asseoir au bord du lit.

Elle caressa le visage de sa fille.

— Ma chérie, la chose est réglée. Tes frères sont revenus ici, nous les avons inscrits dans un lycée de Jacmel. Plus rien ne te rattache à Port-au-Prince.

— Alors, je pourrais aussi rester avec vous !

— Et gâcher un double diplôme américain, obtenu avec mention, pour faire quoi ? Serveuse dans un restaurant pour touristes ? Non… Ton avenir est tracé ailleurs. C'est juste que tu ne le sais pas encore…

Cette discussion se répéta souvent, durant les semaines suivantes. Le passage à 2020 fut fêté sans enthousiasme, dans la maison que ses parents avaient achetée à la limite de Jacmel. Kella essaya plusieurs fois de retarder l'échéance, mais Éric, inflexible, avait pris toutes les dispositions nécessaires : elle partirait le 15 janvier. Une place était déjà réservée dans un avion pour Boston, ainsi qu'un petit logement meublé en location, le temps que Kella trouve un emploi et un appartement plus grand. Rien ne l'obligeait à rester dans cette ville, d'ailleurs. Le souhait d'Éric était simplement que sa fille « réussisse sa vie aux États-Unis ». Elle n'avait plus qu'à régler quelques détails administratifs relatifs à son séjour, mais l'essentiel était prêt.

Deux jours avant la date fatidique, elle passa quelques heures avec son cousin. Officiellement, elle déclara à ses parents qu'elle allait pouvoir « réfléchir », mais en réalité, tout le monde savait déjà que la décision était prise depuis longtemps. Ces moments précieux avec Josué étaient simplement une manière pour Kella de faire ses adieux. À son pays, à ses ancêtres et à une certaine vision d'Haïti qu'elle voulait emporter dans son cœur.

De façon tacite, avec une espèce de pudeur commune, personne n'évoqua plus jamais le kidnapping. Éric et Annette ne souhaitaient pas inutilement raviver un drame qui occupait déjà les cauchemars de Kella, chaque nuit, ni la faire culpabiliser pour la somme d'argent colossale qui avait été perdue, alors que leur fille n'était pas fautive. De son côté, elle préférait taire l'implication de Farah, qu'elle ne parvenait toujours pas à comprendre ni à admettre. Cette trahison fondée sur la jalousie resterait un secret. En parler, c'était reconnaître que cette amitié n'avait jamais vraiment existé. Et ça, Kella n'était pas encore prête à l'accepter.

Le 15 janvier, ses parents et ses frères l'accompagnèrent à l'aéroport. Une fois de plus, tout le monde l'embrassa, mais le cœur n'y était pas. Six mois plus tôt, dans le même hall, les larmes étaient joyeuses. Aujourd'hui, elles étaient déchirantes. Kella prit place dans l'avion en sanglotant, un vide immense au creux du ventre.

Grâce à ses amis de Boston, elle surmonta son chagrin et réussit son installation dans la ville. L'appartement était petit, mais agréable. Et en étant appuyée par son réseau de camarades d'université, elle trouva un emploi bien rémunéré dans une grande firme internationale, en moins de trois semaines. Ses parents avaient peut-être raison, finalement. Le déracinement était difficile au début, mais la douleur s'estomperait avec le temps. Ils viendraient la voir pendant les vacances et elle leur montrerait tout ce qu'elle avait accompli, grâce à eux.

Un mois après son retour, elle entendit le téléphone sonner, alors qu'elle était sur le point d'aller se coucher. Elle décrocha avec un peu d'appréhension : un appel à 23 h 30 était rarement positif.

— Kella, ma chérie, c'est maman.

La voix d'Annette était voilée, un peu distante.

— Maman, tout va bien ? Il est tard !

— Il faut que je te parle, Kella. C'est à propos de papa… Il est… Il nous a quittés…

Épilogue

25 février 2020

Kella n'assista pas à l'enterrement de son père.

Sa mère s'y était opposée, lors d'une discussion houleuse.

— Tu viens juste de rentrer à Boston, papa n'aurait pas accepté que tu prennes le risque de revenir aussi vite. Et je ne veux pas que tu souffres pour rien. Tu dois aller de l'avant…

— Mais enfin, maman, je ne peux pas le laisser partir sans lui dire adieu !

— Kella, s'il te plaît, écoute-moi. C'est déjà assez difficile pour moi de supporter son absence. Je désire que l'on respecte son dernier souhait. Ce qui compte, c'est ton amour pour lui. C'est ce qu'il voudrait, crois-moi. Que tu restes en sécurité, que tu pries pour lui et que tu réussisses comme il l'imaginait. Que tu sois un modèle pour tes frères.

— Mais je…

— Kella, arrête de me contredire ! De toute façon, avec cette nouvelle maladie dont tout le monde commence à parler, ça risque de devenir compliqué de prendre l'avion. Tu pourrais te retrouver bloquée ici. C'est hors de question. Ta vie est à Boston, maintenant.

Kella avait fini par se ranger à l'avis d'Annette, non sans avoir protesté et pleuré au téléphone. Elle comprenait les arguments avancés par sa mère, mais l'idée que son père serait enterré sans qu'elle soit là pour assister à la cérémonie lui paraissait ridicule et atroce.

Aujourd'hui, tandis que toute sa famille réunie disait adieu à Éric, près de l'église de Ridoré, elle était assise dans son appartement à examiner une ancienne photographie, prise quand elle avait 5 ans, un dimanche d'été. Dessus, Éric semblait heureux, confiant en l'avenir. Kella se fit la réflexion qu'elle ne lui avait pas vu cette expression détendue et optimiste depuis bien longtemps. Depuis le tremblement de terre, en fait. Cela faisait dix ans qu'il charriait des souvenirs trop durs et des angoisses trop envahissantes pour pouvoir vivre sereinement.

La jeune femme ne pouvait s'empêcher de penser que son kidnapping avait été l'épreuve de trop. Son père avait surmonté le contrecoup de toutes les catastrophes que sa famille avait dû affronter, depuis quarante ans, y compris la mort horrible de ses propres parents, mais l'idée qu'il ne reverrait peut-être jamais sa fille avait usé ce qui lui restait de résilience.

Ça et la perte de dix ans d'économies, peut-être. Il n'avait sans doute pas accepté le fait qu'il lui faudrait revenir en arrière pour reconstituer ce qui devait financer les études de Jackson et Gabriel, puis lui permettre un jour, avec Annette, de connaître une vieillesse confortable. Plus que l'argent volé lui-même, l'impression de ne jamais pouvoir se reposer sur ses acquis et de devoir constamment vivre dans l'incertitude avait fragilisé son père, Kella en était persuadée.

Sinon, comment expliquer cette crise cardiaque soudaine, au beau milieu de la nuit, alors qu'il n'avait pas encore 44 ans ?

La jeune femme était rongée par un sentiment de culpabilité impuissante. Si seulement elle avait fait plus attention, ce soir-là. Si seulement elle avait couru ou s'était débattue. Si seulement elle n'avait pas accordé sa confiance à Farah…

Cette pensée était absurde, Kella en prit conscience au moment où son esprit la formulait. Comment aurait-elle pu imaginer, quand leur amitié avait commencé à l'école primaire, que cette relation mènerait sa famille au drame, seize ans plus tard ? Qui aurait pu prévoir une telle issue ? C'était si peu réel, si peu compréhensible. Et si rien n'était jamais certain, si l'on ne pouvait vraiment se fier à personne, à quoi bon vivre ?

Kella, prise entre le chagrin et la rage, ne savait plus quoi penser.

On lui avait enseigné des valeurs qui s'étaient retournées contre elle et les siens. Si Éric et Annette lui avaient inculqué la méfiance et l'égoïsme, au lieu de cultiver en elle la confiance et la générosité, son père serait sans doute encore en vie. Que signifiait cette aberration ? Fallait-il voir une leçon divine dans l'enchaînement des événements qui la conduisaient, ce matin, à pleurer seule dans le salon d'un appartement anonyme, à Boston ?

Ses grands-mères lui avaient toujours répété que les voies de Dieu étaient impénétrables, mais là, Kella trouvait la formule bien trop ironique. Cruelle et moqueuse.

Pour Judith et Wilbert, Dina et Jocelyn, pour ses parents et ses frères, pour ses cousins et amis restés à Jacmel, à La Vallée ou à Port-au-Prince, pour tous ceux dont le destin était écrit aux trois quarts, dès leur naissance… elle se battrait. Elle ne gâcherait pas les espoirs que toute sa famille avait placés en elle. Elle accomplirait les rêves qu'Éric eus avait pour elle et ferait la fierté d'Annette, qui avait tant besoin que quelque chose de positif jaillisse de cette succession de drames. Peut-être même parviendrait-elle à faire venir Jackson et Gabriel près d'elle, un jour, afin de les soustraire à la malédiction qui accablait son pays.

Oui, elle se battrait. Mais en surveillant désormais ses arrières et en ne laissant personne s'immiscer dans son cœur. Il faudrait des années à Kella Georges pour dépasser sa méfiance et profiter enfin des joies de l'existence.

Elle rangea la photographie de son père dans l'album familial, après l'avoir contemplée une dernière fois.

— Au revoir, papa.

Remerciements

À Dieu, pour sa grâce et ses bénédictions.

À la vie qui m'a appris beaucoup de choses, même si je ne parviens pas toujours à les comprendre et à les expliquer. Toutefois, j'ai tiré beaucoup de leçons de mes expériences et je ne pourrai jamais toutes les mettre en pratique.

À vous tous et toutes qui avez croisé mes chemins et qui m'avez permis de grandir.

Présentation de l'auteur

Paulette Valcourt est née en Haïti, où elle a vécu ainsi qu'au Canada. Diplômée en Gestion financière informatisée au Collège Delta de Montréal et en gestion d'entreprise supervision et comptabilité (Hautes études commerciales de Montréal HEC, Université de Montréal), elle a également suivi le cursus de l'IHEID, l'Institut de hautes études internationales et du développement de l'Université de Genève. Elle est titulaire d'une Maîtrise en gestion de projet de l'Université Quisqueya en Haïti. Ses missions pour des organisations internationales, dont les Nations Unies, l'ont amenée à parcourir le Globe : Panama, Suisse, Canada, et de nombreux pays africains… Elle est également la fondatrice de la Fondation Désir d'Haïti et de son cabinet de gestion.

À ce jour, elle est l'auteur de son autobiographie : *Le prix de la paix du cœur*, qui sera bientôt disponible en version complète, et de deux romans : *Un amour inexpliqué* (tomes I et II). Et, bientôt, la fin de la trilogie avec *Un amour inexpliqué* (tome III – Renaître) !

Sa page auteur Facebook :

facebook.com/Paulette.valcourt.romanciere/

Son site d'auteur :

paulettevalcourt.com/

La page Facebook de son cabinet de gestion :

facebook.com/Cabinet-de-Gestion-PDV-
348216806428584

Sa page auteur sur Amazon :

amazon.fr/~/e/B08HDKZ54M